国务院发展研究中心研究丛书 2014

丛书主编▪李 伟

新时期
我国消费新增长点研究

China's New Growth Sources of Consumption in the New Era

任兴洲 王 微 王 青 等著

中国发展出版社
CHINA DEVELOPMENT PRESS

图书在版编目（CIP）数据

新时期我国消费新增长点研究/任兴洲，王微，王青等著．—北京
中国发展出版社，2014.8

（国务院发展研究中心研究丛书/李伟主编．2014）

ISBN 978-7-5177-0201-6

Ⅰ.①新… Ⅱ.①任… ②王… ③王… Ⅲ.①消费—经济增长点—研究报告—中国—现代 Ⅳ.①F126.1

中国版本图书馆 CIP 数据核字（2014）第 147878 号

书　　名：新时期我国消费新增长点研究
著作责任者：任兴洲　王微　王青 等
出 版 发 行：中国发展出版社
（北京市西城区百万庄大街 16 号 8 层　100037）
标 准 书 号：ISBN 978-7-5177-0201-6
经　销　者：各地新华书店
印　刷　者：北京科信印刷有限公司
开　　本：700mm×1000mm　1/16
印　　张：16.25
字　　数：170 千字
版　　次：2014 年 8 月第 1 版
印　　次：2014 年 8 月第 1 次印刷
定　　价：42.00 元
联 系 电 话：（010）68990630　68990692
购 书 热 线：（010）68990682　68990686
网 络 订 购：http：//zgfzcbs.tmall.com//
网 购 电 话：（010）88333349　68990639
本 社 网 址：http：//www.develpress.com.cn
电 子 邮 件：bianjibu16@vip.sohu.com

DRC

2014
国务院发展研究中心研究丛书

编　委　会

“新时期我国消费新增长点研究”课题组

课题负责人

任兴洲　国务院发展研究中心市场经济研究所所长，研究员

王　微　国务院发展研究中心市场经济研究所副所长，研究员

课题协调人

王　青　国务院发展研究中心市场经济研究所研究员

课题组成员

李　布　国务院发展研究中心市场经济研究所研究员

漆云兰　国务院发展研究中心市场经济研究所副研究员

刘　涛　国务院发展研究中心市场经济研究所副研究员

胡红梅　国家行政学院博士后

曹欣玮　国务院发展研究中心市场经济研究所实习研究员

胡田田　国务院发展研究中心市场经济研究所实习研究员

总　序

积极发挥智库作用　全力为改革服好务

国务院发展研究中心主任、研究员　李伟

去年11月召开的党的十八届三中全会，掀开了中国改革开放新的篇章，标志着中国进入全面深化改革的历史新阶段，对于全面建成小康社会、实现中华民族伟大复兴的中国梦具有重大而深远的指导意义。

改革的成功，需要正确的方向和可行的方法。过去三十多年的实践表明，中国特色的改革道路，以“三个有利于”为标准，既坚持了正确的方向，又找到了可行的方法。进入新时期的改革，涉及面更为广泛，调整利益格局更加艰难。我们必须以全球视野、战略思维，深化改革理论研究，密切结合世情国情，积极关注社情民意，科学认识全球结构调整和体制变革的方向、趋势，正确认识和把握民众诉求，遵循经济社会发展的规律，提升驾驭改革的综合能力，确保三中全会提出的各项改革任务圆满完成。为此，需要特别处理好理论指导与实践探索、加强党的统一领导与发挥各方创造性、积极果敢与稳妥推进、效率与公平、经济体制改革与社会体制改革等方面关系。

经济体制改革是全面深化改革的重点，其核心是处理好使市场在资源配置中起决定性作用和更好发挥政府作用的关系，而使市场发挥决定性作用是当前改革的主要矛盾方面。当前，我国经济正处在向中高速增长阶段转换的关键期。增长阶段转换表面上看是速度的换挡与调整，但在本质上是增长动力的转换与接续。我国经济能否在一个新的增长平台上良好运行，规模与质量、速度与效益的关系达到一种新的平衡，关键在于切实转变发展方式和着力培育经济增长新动力。

今年以来，我国在经济下行压力加大、局部风险开始显露的同时，结构调整取得积极进展，表现为服务业发展势头良好，消费对经济增长的贡献提高，就业状况不断改善等。这些积极变化也反映了我国经济正在向新常态平稳过渡。在此情况下，我们要充分地认识到改革举措有供给侧和需求侧之分，有见效慢和见效快之别。在抓好相对慢变量重大改革的同时，适当加大需求侧的改革措施，进一步发挥扩需求、稳增长的作用，与促进需求政策形成合力效应，通过换机制、调结构，着力培育增长新动力。

具体而言，近期，应以调整投资结构、稳定投资增速、化解金融风险为重点，积极推进相关重点领域改革和政策调整。如清理规范地方融资平台，推进地方政府合规融资；发挥政策性金融机构对住房和基础设施建设的支持作用；推动资产证券化，盘活存量；做好舆论引导、风险隔离、社会保障等配套工作，积极化解局部风险；与结构性减税政策相结合，积极推进加速折旧；治理产能过剩，推动产业结构调整等等。

中长期，则应把有利于稳增长、调结构、促转型的重大改革放在优先位置。推动以破除行政性垄断、促进竞争为重点的基础产业领域改革，提高非贸易部门的效率；围绕降低企业综合成本，推动土地、金融、流通、知识产权保护等领域改革，增强企业盈利能力，促进企业转型升级；加快服务业的对内、对外开放，破除各种隐性壁垒，形成平等进入、公平竞争的市场环境；适当提高中央政府债务占 GDP 的比重和当年财政赤字率，利用中央政府的负债潜力，加大社会公共服务设施建设，缓解地方政府和企业现实的债务压力。

十八届三中全会通过的《中共中央关于全面深化改革若干重大问题的决定》明确提出：加强中国特色新型智库建设，建立健全决策咨询制度。去年 4 月和今年 1 月，习近平总书记两次对智库建设和国务院发展研究中心的工作作出重要批示，明确指出智库是国家软实力的重要组成部分，要高度重视、积极探索中国特色新型智库的组织形式和管理方式；要求我们要紧紧围绕推进全面深化改革等重大任务，不断增强综合研判和战略谋划能力，提高决策咨询服务质量和水平。

国务院发展研究中心作为直接为党中央、国务院重大决策提供研究咨询服务的智库机构，在过去一年中，紧紧围绕中央的工作中心，牢牢把握为中央决策服务的根本方向，立足全局、突出重点、发挥优势、创新体制，以深入开展党的群众路线教育实践活动为契机，以全面推进“一流智库”建设为抓手，以提高政策咨询研究的质量和水平为重点，坚持中长期重大课题研究与当前经济社会发展热点难点问题研究相结合，完成了一批具有较高政策价值和较大社会影响力的研究成果，推动形成了一系列经济社会发展新政策新举措，为中央决策服务取得了新成绩。

“国务院发展研究中心研究丛书”迄今已是连续第五年出版。五年来，我们获得了各级领导同志和社会各界读者的热情关注与支持。特别是去年的丛书出版后，受到国务院领导同志的高度肯定。这是对我们继续做好工作的重要鼓励与鞭策。

今年的“国务院发展研究中心研究丛书”共16部著作。其中：《追赶接力：从数量扩张到质量提升》是国务院发展研究中心2013~2014年度的重大研究课题报告，深入分析了中国经济增长方式的转变路径与方法；《中国新型城镇化：道路、模式和政策》、《从城乡二元到城乡一体：我国城乡二元体制的突出矛盾与未来走向》等10部，是国务院发展研究中心各研究部（所）的重点课题研究报告；此外，还有《中国电子商务的发展趋势与政策创新》等5部优秀招标课题研究报告。

这套丛书是国务院发展研究中心过去一年研究成果的优秀代表，但其中可能还存在着种种不足。衷心期望社会各界提出宝贵意见和建议，帮助我们在建设中国特色新型智库、开创政策研究咨询工作新局面、努力为全面深化改革服好务的道路上不断前进，为实现中华民族伟大复兴的中国梦做出新的更大贡献。

2014年8月18日

内容摘要

改革开放以来，我国居民消费不断增长，对满足需求、促进经济发展和产业结构升级发挥了重要的支撑作用。当前，我国经济已经进入新的发展阶段，正处在全面建成小康社会的关键期和战略机遇期。在新时期，有效形成依靠消费、投资和出口协调拉动经济增长已成为重要而紧迫的任务。培育和扩大消费新增长点，不仅能够满足居民不断增长的消费需求，而且也是我国经济可持续发展的战略基点。

消费新增长点，是指在一定时期内，由于技术进步、供给改善、消费模式创新以及经济社会环境和制度条件变化，出现的不同于以往的具有较大规模和较好成长性的消费产品或服务以及新的消费模式，从而带动相关市场快速增长的消费现象。消费新增长点具备成长性好、市场潜力大和引领带动作用强等特点。从需求侧看，消费新增长点是基于消费需求大规模增长和结构显著升级的拉动；从供给侧看，消费新增长点则是技术创新、产品创新、商业模式创新、营销方式创新的必然结果。从我国消费新增长点产生和发展的条件及环境来看，随着技术创新加快、消费结构升级、人口结构变化、体制机制变革以及消费理念转变等，未来一段时期我国在信息消费、服务消费、多元化年龄群体消费、健康产品消费、环保及奢侈品消费等领域，都有条件成为我国消费的新增长点。同时，在传统的住、行、用等消费领域，伴随新技术催生的产品创新和新商业模式的出现，也仍然蕴涵着潜力巨大的新增长点。

根据初步估算，到2020年，我国这些消费新增长点的市场规模可达到55万亿元左右，年均增长18%～20%，将对我国消费格局乃至经济社会发展产生积极和重要的影响。

然而，在这些消费新增长点的形成和发展过程中，仍面临诸多体制问题和供给方面的障碍。例如，热点产品或服务供给明显不足、消费支撑体系不完善、市场秩序不规范、监管体制亟待健全、对消费者权益保护力度较弱，等等。特别是由于这些消费新增长点对技术进步、供给改善、市场竞争、收入分配和政府监管等制度因素的敏感度较高，因此，现有的一些政策体系和监管方式、手段，很大程度上已不能适应消费新增长培育和发展的要求，迫切需要全面深化改革，切实转变政府职能，改善收入分配格局、促进创新创业、健全法规及标准体系、提升相关基础设施水平等方面，构建适应和有效支撑消费新增长点发展的政策体系和制度体系。通过体制机制改革为消费新增长点创造良好的制度、体制环境，充分激发广大居民的消费潜力和市场活力，切实提高人民福祉，使消费真正成为促进我国经济持续增长的新动力。

目　录
Contents

主报告

专题报告

主报告

导　言

改革开放以来，随着我国经济持续快速增长，城乡居民消费水平不断提高，消费结构显著升级，消费规模大幅度增加，对经济和社会持续快速发展发挥了重要的支撑和带动作用。目前，我国经济已站在新的起点之上，未来5～10年是我国转变经济发展方式、全面建成小康社会的战略机遇期，也是全面深化改革、提升对外开放水平的关键期。经济增长速度换挡，经济结构深度调整和升级，经济发展动力机制转换，以及社会艰难转型，将成为这一时期我国经济社会发展的突出特征。努力形成以消费、投资和净出口需求协调拉动经济增长的格局是我们面临的重要任务。在新的形势和背景下，扩大消费并形成一批批消费新增长点，不仅是我国经济健康、平稳、可持续增长的战略基点和关键点，同时也是社会发展和促进民生的必然要求。

所谓消费新增长点，是指在一定时期或阶段内，由于技术进步、供给改善、消费模式创新或经济社会环境和制度条件变化，出现了不同于以往的具有规模较大和成长性好的消费产品或服务以及新的消费模式，从而带动相关市场快速增长的消费现象。具体来看，消费新增长点应具有以下特征。

第一，具有新成长性特征。从市场发育或扩张时点看，消费新增长点所涉及的产品或服务具有以下特征。

一是此前消费市场中未有，是在经济、社会或技术进步过程中新出现的产品或服务。例如，信息通信技术发展催生出来的智能移动终端消费的兴起，并且持续高速增长。

二是由于供给改善、消费条件完善，或者消费理念变化，促使市场上已有的产品或服务消费在更新换代或者以新技术武装后，出现新的快速扩张。例如，随着 20 世纪末汽车制造业对外开放的扩大，国内汽车价格下降和多样化的品牌、车型供给，促使国内汽车消费出现加速增长的格局；再如，家电是传统的消费产品，但在新时期，通过信息技术的开发和应用，智能家电又成为新的消费增长点。

三是由于制度变革和体制机制的变化，释放出一些产品和服务消费的巨大活力，进而成为可持续的新消费增长点。例如，20 世纪 90 年代末城镇住房制度全面改革，取消了延续几十年的福利分配制度，发展住房市场。同时，又建立了住房公积金制度，开始对城镇居民发放住房消费信贷，使得居民购买能力显著提升，住房消费快速增长，并带动了房地产业持续快速发展。

四是由于商业模式和消费方式的变化，引发已有产品和服务以及新产品和服务消费规模的迅速扩张。例如，网络购物的出现，以及围绕网络购物形成的整个生态系统的逐步完善，大大促进了商品和服务消费规模的迅速扩张，带动了城乡居民消费的快速增长。事实上，以上几个因素对消费新增长点的形成往往会同时发挥作用。

第二，具有强大的市场扩张能力。消费新增长点虽然最初市场规模不大，需要一定的培育期，但却具有强大的发展后劲和市场扩张能力。消费规模和市场发展速度往往明显快于原有消费市场，在总消费中所占的比重呈较快上升趋势。例如，21 世纪初，国内汽车消费市场经历最初几年的发育后，随即形成长达多年的、强劲的“井喷消费”之势。智能手机等消费产品，也以其快速的市场扩张能力，形成了广覆盖的市场需求。

第三，消费增长具有可持续性。作为商品或服务消费的新增长点，一定是具备可持续的特征。当其处在市场生命周期的培育或快速增长阶段，具有较强的引领作用。随着产品和服务的不断完善和消费环境的成熟，消费新增长点会迅速普及并带动消费市场快速发展，在相当长时期内形成居民大规模的可持续消费。“昙花一现”的消费热点不能成为消费新增长点，在我国，最为典型的是“寻呼机”和“小灵通”等产品。在 20 世纪 90 年代中期，城镇居民很多人手持“寻呼机”，一度消费市场也很“火爆”，但三四年后迅速降温，被手机取代而销声匿迹。而家电、手机、汽车、住房等则成为城乡居民大规模、可持续的消费热点。因此，消费新增长点的潜在市场规模巨大，增长具有长期性和可持续性是其重要特点。

第四，对经济发展具有很强的带动作用。消费新增长点一般与技术创新、商业模式创新等融合互动进行，不仅自身能够成为快速增长的重点消费领域，而且在市场发育过程中能催生和细分出更多的新消费领域，并且以其带动的巨大消费需求，带动对产业投资、创新、产业结构升级的强力引领和带动，从而为经济的持续增长和经济结构调整提供新的动力来源。

一、新时期培育消费新增长点的必要性与可能性

（一）培育消费新增长点的必要性

1. 是增进居民福祉、实现消费转型的内在要求

提高城乡居民消费水平，增进人民福祉，是改革开放和现代化建设的出发点和落脚点，也是我国新时期面临的重大问题。未来10年是全面建成小康社会，为迈向高收入国家奠定基础的关键时期。2013年，我国人均GDP已接近10000国际元（麦迪森，1990年）。根据国际经验，这一时期恰恰是消费需求增长从生存型、数量型向发展型、质量型转变的重要阶段。在这一时期，需要按照全面建成小康社会、实现消费转型升级的新要求，破解深层结构矛盾和体制机制障碍，通过产品创新、服务创新、技术创新、商业模式创新，创造新的供给，加快形成一批符合消费转型升级要求的消费新增长点，为城乡居民提供新的、内容更加丰富的消费新领域，不断满足城乡居民日益增长的消费需求，在为我国经济发展提供可持续的增长动力的同时，从根本上提高全体人民的生活水平和质量。

2. 是在经济增速换挡期实现发展方式转变的迫切要求

目前，我国经济已经进入从高速增长向中高速增长转换时期，也是经济发展方式转变的关键时期。一方面，由于我国经济和社会发展的国内外环境正在发生深刻变化和深度调整，以投资和出口需求为主驱动经济增长的传统发展方式已难以为继，加快转变经济发

展方式，推进经济结构战略性调整已成为保持我国社会经济持续稳定发展的必然选择。另一方面，在经济增速的换挡期，已不在于追求更高的增速，而在于正确处理好速度与结构、质量、效益、资源、环境等重大关系，着力形成创新驱动、消费驱动、市场驱动的发展方式。消费新增长点的形成和发展，不仅可以在更大程度上发挥消费促进增长的动力作用，而且能更好地起到对促进技术创新、培育战略性新兴产业、促进经济发展方式转变的显著导向作用，从而有利于形成以消费、投资和出口需求协调拉动经济增长格局使消费成为经济增长的主要动力来源。

3. 是适应全球气候变化、实现生态文明的必然要求

随着我国经济持续较快发展，经济发展与资源有限、环境保护之间的矛盾日趋尖锐。全面面积大、日益严峻的雾霾天气已经给我国的可持续发展敲响了警钟。建设资源节约型、环境友好型社会必然要求走绿色低碳之路，并由此带来了消费理念的变革。崇尚自然、追求健康；在追求生活舒适的同时，注重环保，节约资源和能源，已成为越来越多消费者的共识，也必将带来一系列技术、产品、服务和消费方式的创新发展，从而形成消费新增长点，并带动全球产业结构升级和经济增长。为此，各国都在抢占发展机遇，采取多种措施和政策加快培育旨在促进节能环保、绿色低碳的消费领域，进而形成发展新动力和竞争新优势。作为人口最多的国家，我们必须增强全民的节能减排意识，提倡绿色消费，这才有利于发挥后发优势和转变发展方式，形成绿色驱动的一系列新消费增长点，在发展环境中实现跨越式发展。

（二）培育消费新增长点的可能性

1. 城乡居民收入水平持续快速提高为消费新增长点的形成提供了有力支撑

收入是决定城乡居民消费水平变化的最直接因素。随着国民经济的快速发展，我国城乡居民收入也不断增加（见表 1）。2008 年，我国城镇居民人均可支配收入和农村居民人均纯收入分别为 15781 元和 4760 元，到 2013 年已增长到 26955 元和 8896 元。需要指出的是，自 2010 年来，我国农村居民收入增长速度不仅高于城镇居民人均可支配收入，而且超过了 GDP 增速，城乡收入比的差距有所缩小。这是各级政府长期惠农政策成效的显现，也是由于城镇化的推进和农业劳动力转移带动了农民收入的增长。

表 1　　我国城乡居民收入变化（2008～2013 年）

年　份	城镇居民人均可支配收入		农村居民人均纯收入	
	收入（元）	实际增长率（%）	收入（元）	实际增长率（%）
2008	15780.8	8.4	4760	8.0
2009	17174.7	9.8	5153.2	8.2
2010	19109.4	7.8	5919.0	10.9
2011	21809.8	8.4	6977.3	11.4
2012	24565.3	9.6	7917	10.7
2013	26955	7.0	8896	9.3

资料来源：国家统计局《中华人民共和国 2013 年国民经济和社会发展统计公报》（2008～2013）。

随着收入的增加，我国城乡居民消费水平总体上已跨过了温饱型消费阶段，逐步进入享受型和发展型消费阶段。其主要特点是，居民消费选择性增加，生活水平和质量明显提高。具体表现为住房条件明显改善、汽车快速进入家庭、电脑和手机等电子产品普及水平大大提高、交通和通信产品和服务成为消费新亮点；文化娱乐、医疗保健、旅游休闲等享受型和培训、教育等发展型消费大幅度增加，在居民消费中所占比重稳步提高。随着城镇居民家庭服务社会化趋势愈来愈明显，服务性消费需求不断上升，服务消费占居民支出比重明显上升。生活水平的提高还使居民对居住条件、环境更加关注，更加追求环保、舒适的家居生活。可见，在城乡居民消费能力增强的同时，消费结构也在发生重要变化，使消费新增长点的形成成为可能。

2. 以人为核心的新型城镇化加速推进为消费新增长点创造了巨大发展空间

进入21世纪以来，我国城镇化呈现快速推进之势，城镇化率从2000年的36.22%上升至2013年的53.7%，年均提高1.36个百分点。到2020年，我国城镇化率将超过60%，城镇化发展将呈现新的格局，这将进一步促进我国消费规模和消费水平的较快增长。

一方面，新型城镇化将继续加快农村人口向城镇转移，并实现市民化的转变。大量转移人口的市民化，不仅能提高其收入水平，进一步缩小收入差距，而且会促使这些居民消费观念的更新和消费结构的升级，将会逐步释放出巨大的消费潜能。根据国家统计局的数据，目前，我国城镇居民人均可支配收入是农村居民人均现金收入的3倍左右。根据以往的消费经验数据，一个城市居民的消费量相当于2.7~3个农村居民的消费量。研究表明，城镇化率每提高1个百分点，城镇居民人均年消费支出将增加2.01%。另外，由于城市居民的消费水平约是农村居民的2.57倍，如果2.4亿进城务工人员全部市民化，则国内消费会大大提高，静态测算，全国居民消费将提高18.8%，居民消费占GDP比重将上升6.6个百分点①。

另一方面，新型城镇化的推进，还将促进城市基础设施的建设和完善，从而全面提升城镇化的质量和水平，为城乡居民消费提供更为完善、便利的基础设施条件，有利于促进多元化、多层次、多极化的消费新增长点的形成，进一步促进消费增长格局加快调整。

3. 人口年龄结构变化将促使消费市场进一步细分

人口年龄结构是决定社会消费需求变化的重要因素。由于处于生命周期的不同阶段，不同年龄群体在消费水平、消费结构、消费行为上存在差异和具有不同的消费需求偏好，进而对社会消费总量和结构产生重要影响。

一般而言，在青年阶段，人们收入不太高，且往往会把个人或家庭收入的绝大部分用于消费，乐于尝试各种新产品和服务，储蓄倾向较低，甚至可能出现消费支出大于收入的现象；进入中年阶段后，伴随收入的稳步提高和消费更趋理性，消费支出在收入中所占的比例会有所降低，家庭消费及子女教育等消费成为主要内容，储蓄倾向升高；进入老年阶段后，固定养老金会使这一群体消费更趋谨慎，消费支出稳中有降。从全社会角度来看，人口年龄结构越年轻，全社会消费就会越活跃，消费内容就越丰富，消费创新和增长的空间也更大。当然，从国外经验看，老龄化社会的到来，也会产生规模较大的“银发需求”，适合老年人的产品和服务需求会出现

① 国务院发展研究中心课题组：《中国：推进高效、包容和可持续的城镇化》。

快速增长。同时，儿童消费需求更是保持高速增长。在我国长期实行独生子女政策下，儿童消费在家庭支出中的占比始终较高。在新时期，我国消费市场细分的格局将更加明显。

1949 年以来，我国曾出现三次人口出生高峰，分别是 1949 ~ 1957 年出生的“50 后”、1962 ~ 1970 年出生的“60 后”、1981 ~ 1990 年出生的“80 后”。随着 80 后逐渐成家立业，现在正经历第四个人口出生高峰。这意味着未来 10 年 65 ~ 74 岁、50 ~ 64 岁、35 ~ 39 岁、1 ~ 10 岁人群的增长速度将加快（见表 2）。这样的人口结构促使我国未来消费结构进一步呈现多元化的趋势。例如，“50 后”已经步入老龄，其消费主要集中在医疗保健、养老服务和服务性消费方面；“60 后”正从壮年向老年发展，事业和收入稳定，消费需求更多转向保险、医疗保健、奢侈品、休闲娱乐、度假等方面；“80 后”正值壮年，消费主要集中在住房、汽车、家庭耐用消费品以及婚育需求方面，数码产品、信息消费及环保绿色等由新技术、新方式驱动的产品也是其消费的重要内容；“90 后”和“00 后”是青少年阶段，其消费更多集中在食品、教育、娱乐、电子产品等方面。这种多元化的消费结构将催生多元化的消费增长点，并促使相关消费保持较好的成长性和可持续性。

表 2　　我国人口年龄结构变化（%）

人口普查结果		1953 年	1964 年	1982 年	1990 年	2000 年	2010 年
各年龄组人口	0 ~ 14 岁	36.3	40.7	33.6	27.7	22.9	16.6
	15 ~ 64 岁	59.3	55.8	61.5	66.7	70.2	74.4
	≥65 岁	4.4	3.6	4.9	5.6	7.0	8.9
年龄中位数（岁）		21.7	20.2	22.9	25.3	30.8	37.0

资料来源：根据历次全国人口普查数据整理。

4. 新技术及其应用不断催生消费新增长点

进入21世纪以来，全球处在“第三次产业革命”推进阶段，各种密集的科技创新层出不穷，新一轮以新能源、新材料、信息网络、生物医药、节能环保、低碳技术为主的技术革命不断向纵深发展，并在诸多领域引发了巨大而深刻的产业变革。新一轮技术革命推动全球形成新的产业链及消费市场。新技术革命直接催生出一批批新的消费增长点。例如，移动智能终端、信息消费、网络购物等，都是由新技术带动的新的消费领域。

新技术革命也深入影响到传统的一些热点消费领域，用新技术改造和武装这些领域的生产制造，从而引领和带动传统消费领域升级和进入新一轮增长期。例如，信息技术和智能技术引入家电设备后形成智能家电产品，产生出具有自动监测自身故障、自动测量、自动控制、自动调节与远方控制中心通信功能的新的家用电器设备，引发了新消费热潮。随着信息通信技术和移动通信网络的不断发展升级，各种移动智能终端产品的市场规模呈现快速扩张的趋势，而且换代的新技术产品增长速度明显快于此前传统技术产品。

技术进步促进了消费内容的变化，由此带来巨大的消费空间和市场空间。以智能手机为例，智能手机对传统手机无疑是一种技术性颠覆，由此给用户带来了新的消费体验，引领了新的消费潮流，同时带来了巨大的商业利润。再以电子支付为例，它既代表了一种新技术，又是一种商业模式的巨大创新。它打通了制约网络销售的“瓶颈”，为网络购物打开了快速增长的大门，解决了网络购物中最关键的“信任”问题，使网络购物市场出现“井喷”式的增长，也使支付电子化成为大势所趋。

5. 基础设施不断完善为消费新增长点的培育和发展提供了硬件支撑

经过改革开放30多年来的持续建设，我国电力、交通、通信等基础设施条件已得到极大改善。以交通运输为例，截至2011年底，运输线路中铁路运营里程达9.32万公里，路网密度达每万平方公里95.0公里。公路网“五纵七横”主干线全部建成，总里程达到410万公里，公路密度达每百平方公里41.75公里。在此基础上，我国目前还在加快高速客运铁路和高速公路网的建设和基础设施综合集成能力的提升。随着未来我国高速运输网络的形成和综合交通运输体系能力的释放，对居民出行和旅游休闲提供了较高水平的基础设施支撑。

近年来，我国在通信基础设施建设方面，也取得较快发展。截至2013年12月末，我国基础电信企业固定互联网宽带接入用户总数达1.89亿户，其中，2M以上和8M以上宽带接入用户占宽带用户总数的比重分别达到96.2%和22.6%，光纤接入FTTH/0用户占宽带用户总数的比重达21.6%；全国电话总数达到14.96亿户，电话普及率为110部/百人，其中移动电话总数达到12.29亿户，普及率突破90部/百人，3G移动电话用户在移动用户中的渗透率达到32.7%；互联网网民数达6.81亿人，互联网普及率为45.8%，其中，使用手机上网的人群占比达到81%；IPTV用户和物联网终端用户分别达2842.5万户和3200.4万户[①]。

6. 全面深化改革为消费新增长点发展提供必要的制度条件

党的十八届三中全会通过的《中共中央关于全面深化改革若干重大问题的决定》，是到2020年如期全面建成小康社会，进而到21世纪中叶建成富强民主文明和谐的社会主义现代化国家，实现中华民族伟大复兴的中国梦的重要保障。全面深化改革，是以经济体制改革为重点，以协同推进经济体制、政治体制、文化体制、社会体制、生态文明体制和党的建设制度改革为主要内容的全面性、系统性、整体性改革，改革涉及的领域之多、范围之广前所未有。全面深化改革的推进，必将对影响消费扩张的体制机制问题产生突破，推动一系列适应创新创业、促进市场公平竞争，将使全国经济社会发展跃上新的制度平台。这不仅会极大地促进各种新型消费产品和服务的创新和供给增长，也将给居民扩大消费带来更大的选择空间和制度保障，有利于多样化、多元化消费新增长点的加快形成和发展，推动经济社会发展全面提升。

二、新时期我国消费新增长点分析

在我国经济社会发展的新时期，由于技术、经济、社会以及制度的不断变化，消费新增长点也在不断发展和变化。特别是在新一

① 工业和信息化部：《2013年通信运营业统计公报》，工业和信息化部官网：http://www.miit.gov.cn/n11293472/n11293832/n11294132/n12858447/15861120.html。

轮技术革命纵深推进和商业模式不断创新的背景下，很难准确和全面地对消费新增长点进行列举和预测。本部分主要结合技术及商业模式创新、我国消费结构升级的趋势，以及参照消费新增长点的主要特征，对当前一些热点消费领域和未来5～10年有条件成为消费新增长点的产品和服务进行重点分析。

（一）基于技术创新驱动的信息消费

信息消费（Information Consumption）是信息消费者获取信息、认知信息内容和再生信息等基本环节所构成的社会活动。狭义的信息消费是直接或间接以信息产品和信息服务为消费对象的经济活动。近年来，随着全球范围内信息技术的突破和加快普及应用，信息领域新产品、新服务、新商业模式大量涌现，以信息技术创新支撑的信息消费得到快速发展，不断激发新的消费需求，日益成为增长较快、创新活跃的消费新增长点。信息消费的重要领域主要包括以下几个方面。

1. 移动智能终端

随着信息通信技术和移动通信网络的不断发展升级，各种移动智能终端产品的市场规模呈现快速扩张的趋势，而且换代的新技术产品增长速度明显高于此前主流技术产品（见图1、图2）。目前，移动智能终端主要包括智能手机、笔记本电脑、PDA、平板电脑和智能手表等。移动智能终端具有可移动性、实时在线、多任务性、多媒体等特点。

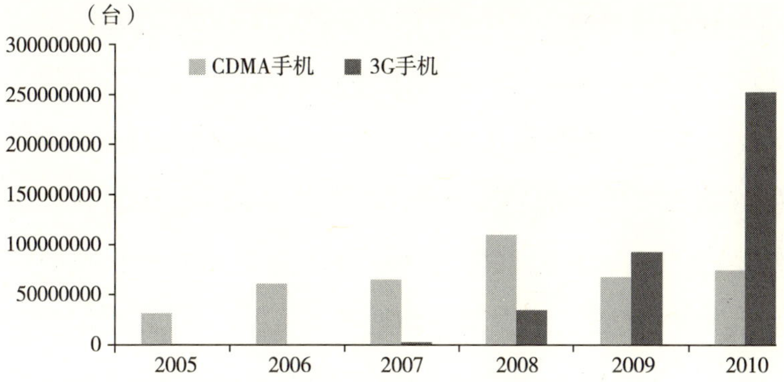

图 1　CDMA 手机和 3G 手机销量增长情况

资料来源：国研网（www. drcnet. com. cn）。

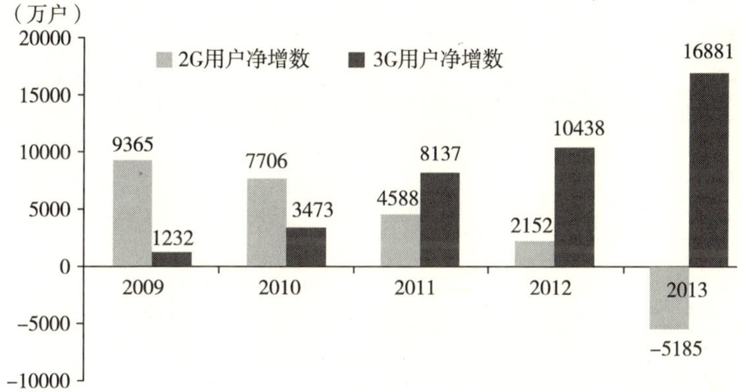

图 2　2009～2013 年 2G 和 3G 用户净增数变化情况

资料来源：工业和信息化部的《2013 年通信运营业统计公报》。

到 2013 年，我国信息消费总规模已达到 2. 2 万亿元，其中信息产品为 1. 2 万亿元，移动智能终端消费在我国已成为名副其实的热点领域①。目前，全国大中城市家庭智能手机、平板电脑、智能

① "2013 年我国信息消费同比增长超过 28%，智能终端成消费热点"，载新华网：http：//news. xinhuanet. com/politics/2014 －02/18/c_ 119391498. htm。

电视的拥有率为80%。2010年以来，我国移动智能终端出货量以年均150%的速度增长，2012年达到170%（见图3）。2013年1~8月，我国移动智能终端出货量为2.9亿部，同比增长100%，移动智能终端占移动终端的比例为72.2%，与2012年底相比提高了16.9个百分点。以智能手机为例，2013年1~10月，我国智能手机产量达3.48亿部，比去年同期增长178%①。中高端用户换机频率日益提高，用户换机频率从2012年的16个月缩短到2013年上半年的13个月②。我国年均1亿新增用户和庞大的用户规模将支撑移动终端继续高速增长。

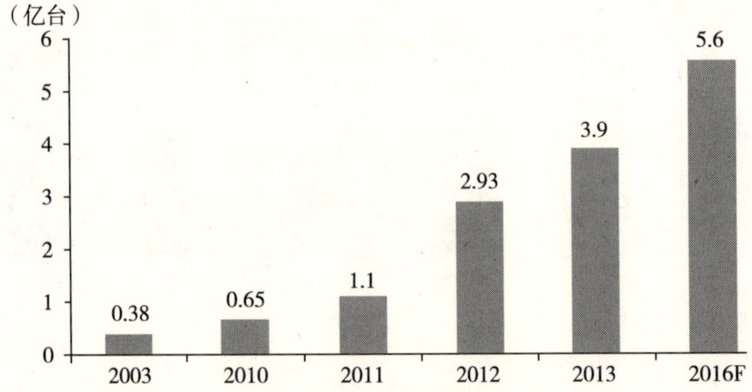

图3 中国智能终端出货量

资料来源：IDC。

随着免费和开放式的操作系统在我国快速普及，Android操作系统在我国移动智能终端市场迅速增长。2009年，Android操作系

---

① 苗圩："我国整体信息消费发展态势良好"，中国经济网：http://ce.cn/cysc/ny/gdxw/201312/23/t20131223_1976392.shtml。

② 刘今超（2013）："我国移动终端产业发展趋势分析及预测"，工业和信息化部官网：http://www.miit.gov.cn/n11293472/n11293832/n15214847/n15218234/15698666.html。

统的市场份额尚低于1%，到2012年其份额已达到86.4%[①]；被企业界和投资界一致看好的智能穿戴设备也开始增长，2013年果壳电子智能手表销量已突破10万台。随着4G的应用普及，2013～2015年将是智能移动终端换代的高峰期，以智能手机、平板电脑、智能电视等为代表的智能终端产品是互联网业务的重要载体，累计销售额可达2万亿元以上[②]。从发展趋势上看，未来4G手机、智能手表、工业级PDA[③]、智能眼镜等移动智能终端将会出现快速增长。预测到2020年，我国智能终端出货量将达到7.8亿台，届时移动智能终端将达到6.6亿台，年销售额将达到1.2万亿元。

2. 信息服务

信息服务是运用现代信息技术和终端设施提供的信息内容产品和相关服务，信息服务是信息消费的重要组成部分。一方面，随着各种智能终端特别是移动智能终端的普及，信息服务消费将成为支撑信息消费持续高速增长的重要因素。2013年我国信息服务消费超过1万亿元，同比增长20%。全国移动互联网接入流量突破10亿GB，同比增长68.9%，成为信息服务消费的主要增长动力[④]。2013年上半年，全国微信用户超过4亿户，微信用户拉动移动互联网流量收入同比增长56.8%；电子商务整体市场规模达到5.4万亿元，

① 刘今超（2013）：“我国移动终端产业发展趋势分析及预判”，工业和信息化部官网：http://www.miit.gov.cn/n11293472/n11293832/n15214847/n15218234/15698666.html。

② 刘育英（2013）：“中国将大力发展信息消费扩内需，或出台政策措施”，中新网：http://www.chinanews.com/gn/2013/05-30/4875814.shtml。

③ 工业级PDA内置高性能激光扫描引擎、高速CPU处理器、操作系统，广泛应用于鞋服、快消、速递、零售连锁、仓储、移动医疗等多个行业的数据采集，支持无线网络通信。

④ “移动通信转售业务年内获批”，《人民日报》2013年12月24日，第14版。

增长38.5%，远高于信息消费行业的整体增速[①]。随着4G等移动通信网络的普及，语音、数据等增值服务将成为电信服务业的主体，市场规模将呈现几何级数的增长。

另一方面，数字化、智能化、网络化服务为主体的家庭数字消费在下一阶段将逐步显现，这将大大促进动漫游戏、数字音乐、网络视频等内容产品的消费需求增长。未来信息消费的内容建设的加快，将形成内容生产、转换、加工、投送的平台和服务体系，极大地丰富信息内容资源和促进相关信息产品创新，有利于加快释放巨大的信息消费潜力和形成庞大的信息消费市场。

信息消费每增加100亿元，将带动国民经济增长338亿元[②]。根据国务院《关于促进信息消费扩大内需的若干意见》（国发〔2013〕32号）提出的目标，到2015年，信息消费规模将超过3.2万亿元，年均增长20%以上，其中，基于互联网的新型信息消费规模达到2.4万亿元，年均增长30%以上。电子商务交易额超过18万亿元，网络零售交易额突破3万亿元，通过电子商务带动新增消费需求1.2万亿元。到2020年，信息服务消费市场规模将达到3.6万亿元，年均增长20%以上。

3. 推动信息消费快速增长的驱动因素

促进信息消费持续快速增长的驱动因素主要包括：

① “我国微信用户超过4亿”，人民网：http://www.people.com.cn/24hour/n/2013/0530/c25408-21679840.html。

② “信息消费每增加100亿元，带动国民经济增长338亿元”，载《人民日报》，2012年11月29日。

一是信息技术的快速发展。近年来，信息技术突破的“摩尔定律”[①] 更为明显，以新一代信息通信技术（NGN）、ARM 架构芯片、Android 操作系统为代表的信息技术的快速发展，引发了信息消费的一场革命，进而激活了智能终端和信息服务市场。

二是以电子商务和互联网金融为代表的商业模式、支付方式的创新，为信息消费提供了更具适应性，并且便捷、快速、高效的支撑。

三是工业化、城镇化、信息化的加速推进，在促进人口聚集和生活节奏加快的同时，也使各个群体产生更多的沟通、交流、共享的需求，进而催生了巨大的信息消费市场。

四是消费结构持续升级，享受型和发展型消费开始进入越来越多的居民家庭，使城乡居民有更多的文化、娱乐、资讯、购物、自媒体等需求。再加上网络效应和示范效应，使得信息消费的网络用户呈现超高速增长。

五是在形成或导入互联网思维的基础上，网络、通信、电子商务等类型的企业创新成本大大降低，极大改善了信息产品及服务的供给。

（二）基于消费结构升级和供给改善的服务消费

从国际经验来看，在从中等收入迈向更高收入的发展阶段的过程中，服务性消费将成为消费增长的重要动力。目前，我国城乡居

---

① 摩尔定律（Moore’s Law）是指集成电路上可容纳的晶体管数目，约每隔 18 个月便会增加一倍，性能也将提升一倍。

民消费结构升级正处在从生存型消费向发展型、享受型消费的转型阶段，旅游休闲、文化娱乐、家庭服务、教育、医疗等服务消费需求呈现快速扩张态势，服务消费日益成为居民消费升级的热点领域和新增长点。

1. 家庭服务消费

随着城市化高速发展和工业化的持续推进，社会的家庭结构日益呈现小型化、核心化趋势[①]，家务劳动社会化成为居民服务消费的新趋势。加之我国向老龄化社会过渡，居民对社会化和多样化的家庭服务需求不断增长，包括物业管理、安装维修、清洁、幼儿学生接送、商品递送、搬家、家庭医疗、月嫂服务、婴儿照料、养老护理等家政服务的需求潜力巨大。据调查，在全国现有的1.9亿户城镇家庭中，有平均15%的家庭有家庭服务的消费需求[②]。到2020年，我国老龄人口将达2.5亿。中青年照顾子女和老人的压力巨大，多数家庭把养老护理寄希望于家庭服务。家庭服务消费正在成为服务消费的新增长点。

2010年，我国家庭服务业拥有各类服务企业和网点近50万家，从业人员1500多万，年营业额近1600亿元，近年来保持20%左右的增速[③]。数据显示，全国各地级以上城市通过建设“家政服务网

---

① 核心家庭（nuclear family）指两代人组成的家庭，核心家庭的成员是夫妻两人及其未婚孩子。联合家庭或扩展家庭（Joint Family）指家庭中任何一代含有两对以上夫妻的家庭，如父母和两代或两代以上已婚子女组成的家庭，或是兄弟姐妹婚后不分家的家庭。

② 史丹、夏杰长（2012）：《中国服务业发展报告2012》，社会科学文献出版社2012年版。

③ 中商情报网（2010）：《2013－2018年中国家政服务行业市场深度调研预测报告》。

络中心”，每年可带动全国家政服务消费300多亿元[①]。到2020年，我国家政服务市场规模将达到1.2万亿元，年均增速达到20%。

2. 文化娱乐消费

随着城乡居民生活消费水平的提高和休闲时间的增加，文化娱乐消费已成为居民家庭业余生活的消费热点。调查显示，我国居民的文化娱乐消费意愿非常强烈，有将近70%的居民愿意在文化娱乐消费方面增加支出和时间[②]。在居民的文化消费支出中，最具偏好的文化产品分别是报纸杂志、游戏、文化器材、电视、电影、图书、广播、艺术品收藏、演出、音乐和各种娱乐活动。总体上看，虽然居民主要偏好的仍然是传统文化产品，但近年来，游戏、设计、动漫等新兴文化娱乐产品也逐渐得到消费者的认可，呈现明显的上升趋势。

我国文化娱乐消费潜在规模为4.7万亿元，占居民消费总支出的30%，而目前实际文化娱乐消费规模为1万亿元，仅占居民消费总支出的6.6%[③]，存在3.7万亿元的消费缺口。这表明我国潜在文化娱乐需求未得到有效满足，文化娱乐消费存在着巨大的市场发展空间。

3. 旅游消费

随着我国城乡居民收入水平的提高，交通及文化娱乐设施的增

---

① 龚雯、陈云：“商务部财政部构建城市家政服务网络中心”，《人民日报》，2009年4月20日。

② “2013年中国文化消费指数发布：文化消费区域差异大”，中国新闻网：http://big5.chinanews.com.cn:89/gate/big5/www.chinanews.com/cul/2013/11-27/5552170.shtml。

③ 中国人民大学：《中国省市文化产业发展指数（2013）》。

加和休闲时间的延长，人们的业余生活也日趋丰富多彩，旅游休闲成为一项重要的消费活动。旅游消费是集衣、食、住、行、游、购、娱于一体的消费活动，具有综合性强、关联度高、产业链长的特点，广泛涉及并交叉渗透到29个相关经济部门，直接和间接影响109个细分行业，能够带动国民收入成倍扩大。据日本野村综合研究所的测算，在发达国家，旅游消费支出每增加1个单位，国民收入可分别增加1.4个单位①。

2012年，我国实现旅游业总收入2.59万亿元人民币，比上年增长15.2%。其中，国内旅游人数29.57亿人次，收入2.27万亿元，分别比上年增长12.0%和17.6%；接待入境旅游1.32亿人次，实现国际旅游（外汇）收入500.28亿美元；中国公民出境人数达到8318.27万人次，海外旅游消费额1020亿美元，比上年增长18.4%②，已超越德国、美国等国成为世界第一大国际旅游消费国③。未来5年乃至更长时期，随着呈现居民收入水平的进一步提高和带薪休假政策的逐步普遍化，旅游消费将呈现更为广阔的发展前景。预测到2020年，我国国内旅游人次将达到62亿人次，出境旅游规模将超过2亿人次，旅游总收入将达到7.9万亿元，年均增长15%。

4. 教育培训消费

生活水平的不断改善以及社会竞争的日趋激烈，使人们对知识

① 马相东：《充分认识发展旅游业多重效应的战略意义》，求是理论网，2010年10月18日。

② 国家旅游局（2013）：《2012年中国旅游业统计公报》，国家旅游局官网：http://www.cnta.gov.cn/html/2013-9/2013-9-12-%7B@hur%7D-39-08306.html。

③ 数据来源于联合国世界旅游组织。

需求日益增强，城镇居民教育消费呈较快增长。截至2012年，我国城镇居民家庭人均教育支出为762.9元，比2006年增长了24.7%，占全部服务性消费支出比重的17.6%。2013年，我国教育培训市场规模约为4300亿元。具体来看，学前教育、职业能力培训、语言培训以及证书资格考试辅导已成为教育培训消费的热点。目前，学前教育市场规模已超过600亿元，其中，0~6岁教育培训市场规模约为312亿元，在各细分市场中位居榜首，预计未来3~5年，该市场年均增长率约为20%左右。包括IT、金融在内的职业能力培训、证书和资格考试辅导的市场规模已达到400多亿，每年仅参加教育部、人力资源和社会保障部组织的IT认证考试的人员就有将近500多万。语言培训行业的市场规模约为490亿元[①]。其中，以增强就业竞争力为目的而想参加第二门外语学习的在校学生和在职人士是主要的培训对象。

信息通信技术的创新，也对教育和培训领域产生深远影响。无论是从学校教育、家庭教育还是培训课程来看，都可以借助更多的数字化、网络化、远程化和多媒体方式实现，教育的资源整合和效率将极大提高。多媒体教室、课件数据库、实时在线培训、网络现场管理咨询、家庭点对点教育辅导等方式，都会改变现有的教育培训模式，最终促使教育和培训质量的提升、效率提高和成本降低，这将促使教育和培训市场的急剧扩张[②]。从直接影响看，教育的信

① 中国产业信息网：《2014—2019年中国教育培训行业现状调研与未来发展趋势预测报告》。

② 例如，近两年开始全球兴起了所谓慕课（MOOC，大规模公开在线课程）热潮。短短一年时间里，哈佛大学与麻省理工学院的EDX，斯坦福大学的Coursera和Udesity三家公司，在一年时间里就联合了全球上百所一流大学，开设了500多门课程，500多万学生选修了他们的课程。我国北大、清华、复旦、交大也纷纷加入了MOOC。

息化和网络化给我国提供了一种能大大缓解教育资源分配失衡、课程内容陈旧、教学方式落后以及学生创新力、创造力不足等问题的手段与途径。因此，信息技术的应用，为教育培训市场提供了新的方式和手段，也在一定程度上促进了教育培训市场的快速发展。

据中国产业调研网预测，到2020年，我国教育培训市场规模将突破1.2万亿元，年均增速将达到15%①。

5. 服务消费增长的驱动因素

促进服务消费增长的驱动因素包括：

一是城乡居民收入继续保持较快增长，促进居民消费结构不断升级，而服务性消费成为未来我国城乡居民消费结构升级的重要方向。

二是由于制度创新和基础设施的日益完善，特别是交通、通信等设施水平的提高，极大地改善了服务的供给条件，进而激发了服务需求的扩张。

三是城镇化和工业化的推进，一方面改变着人们的消费理念和生活方式，更加注重生活质量，而大量的服务消费成为新的生活方式的重要内容；另一方面，城市化形成的消费集聚，有利于服务消费市场的创新发展，能够更好地满足人民服务消费的多层次需求。

四是随着现代信息技术广泛应用和电子商务等新型商业模式的加快演进，服务消费在实现方式和交易成本上有了较大的创新和降低，OTO② 的快速发展，也促使餐饮、娱乐、旅游、培训、文化、

---

① 中国产业信息网：《2014—2019年中国教育培训行业现状调研与未来发展趋势预测报告》。

② OTO（Online To Offline）是一种针对产品和服务需求的电子商务模式，即在线支付购买线下的商品和服务，再到线下去享受服务。

教育、家政等服务消费需求集聚和市场规模快速扩张。

（三）基于人口结构变化的多元化年龄群体消费

1. 老年群体消费

由于生活和健康条件的改善和人口出生率的下降，近30年来，我国老龄人口规模不断扩大，65岁及以上老龄人口比重持续上升，目前已接近10%。到2050年，65岁及以上的老龄人口将达到3.32亿，约占总人口的25.6%（见图4）。

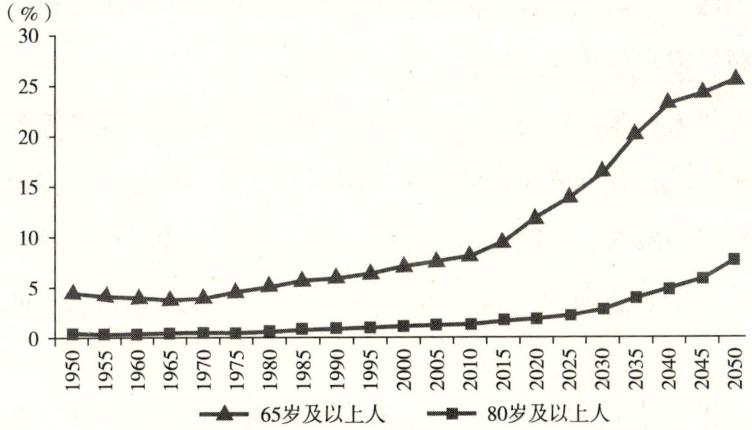

图4　我国1950～2050年老年人口变化情况

资料来源：UN 2010。

以老龄化为主要特征的人口结构变化，将对我国消费需求产生重大影响。围绕老年人消费的产品和服务将成为需求增长最快的领域之一。老年消费群体在生理和心理上同其他消费群体相比有明显差异。一般认为，老年人购买力低、消费更趋谨慎，投资老年市场风险大、利润低。但从实际情况看，我国老年群体的消费需求结构变化也在加快，老年群体的消费市场，即所谓“银发消费”正在快速扩张。

从老年人的消费结构来看，营养食品（以水果、蔬菜、肉类等生鲜食品为主）、医疗保健品消费占有较大比重。老年消费者常常把商品的实用性放在第一位，强调质量可靠、经济合理和有利于身心健康以及商品的性能与价格。

老年人精神需求也在日益提升。随着社会经济的发展和文化的进步，以及家庭小型化和社区养老的普及，雕塑、盆景、艺术珍品、书法、乐器、收藏、模特表演、品茶、逛市等老龄文化已成为他们精神需求的重要支撑。

老年人在医疗保健、食品、服装、旅游、娱乐、养老等各方面有大量需求；其价值观、消费观与生活方式在不断更新，其消费需求正在向高层次、高质量、个性化、多元化的方向发展，花钱买健康、买年轻、买舒适、买享受、买方便正成为生活追求的重要体现。

老年群体家庭服务和护理服务需求快速增长。据统计，全国老年人群慢性疾病患病率达 51.8%，20% 的老年人日常生活需要帮助，5% 的老年人生活需他人照料，据中国家庭服务业协会调查显示，79.6% 的家庭有相关服务需求①。

根据商务部测算，2013 年的老年消费及养老服务市场规模约为

① “中家协：家政行业亟须细分市场整合资源”，中国网：http：//www.china.com.cn/news/txt/2009－09/15/content_ 18529344.htm。

1.5 万亿元[①]。预测老年消费在社会总体消费中的比例将持续上升，到2020 年相关消费市场规模将达到3.3 万亿元[②]。

2. 儿童和少年消费

儿童和少年是我国消费市场中日益活跃的消费群体。据第六次全国人口普查数据显示，2010 年我国 14 岁及以下儿童数量约为 2.22 亿。更为重要的是，我国已进入一个新的人口生育高峰期，2016 年前，人口增长将保持每年 1600 万～2000 万人的水平。加上“单独”二孩政策的放开，婴儿和儿童的数量将会进一步增加。这将为消费扩张和形成消费新增长点奠定基础。

一方面，儿童和青少年消费是家庭消费的主要内容。在城市居民家庭消费支出结构中，子女消费比重高于成年人，尤其是在独生子女家庭中，偏重子女的消费模式成为城市家庭消费的一个突出特点。据调查，在北京、天津、上海三个城市，9.8% 的家庭少年儿童消费占家庭总收入的四分之一至三分之一；27.8% 的家庭少年儿童消费占家庭总收入的三分之一；35.6% 的家庭少年儿童消费占家庭总收入的一半；7.4% 的家庭少年儿童消费超过家庭总收入的一半[③]。若按 2012 年城镇家庭人均现金支出 1.67 万元计，儿童和少年消费支出占家庭支出比重为三分之一，2012 年儿童及少年相关消费将达到 1.2 万亿元。到 2020 年，14 岁以下儿童人口消费市场将

---

① “商务部：2013 年老年消费及养老服务市场规模可达 1.5 万亿”，财经网：http：//stock.caijing.com.cn/2013－12－09/113667641.html。

② “2020 年中国老年消费将达 3.3 万亿元”，人民网：http：//politics.people.com.cn/n/2013/1224/c1026－23934305.html。

③ 中国社会调查事务所（1999）：《家庭中儿童消费的调查与分析》，未来网：http：//lib.k618.cn/index.php？doc－view－554。

近3万亿元，年均增长超过12%。

另一方面，儿童和青少年消费结构不同于成人及老年人，高质量的食品、教育、健康及娱乐产品等消费支出比重较高。在基本生活消费方面，对子女的饮食安排，父母更加注重食物的科学提供，讲求食物的合理搭配及营养成分；在健康娱乐方面，有益身心健康的体育用品和电子游戏是多数家庭的支持重点；在儿童和青少年成长方面，父母最舍得花费精力、财力的就是为孩子创造良好的学习环境和条件；除正常的学校教育支出外，各种特长教育、外语学习、家教辅导乃至出国留学等，已经成为儿童和青少年教育消费的主要内容（见图5、表3和表4）。

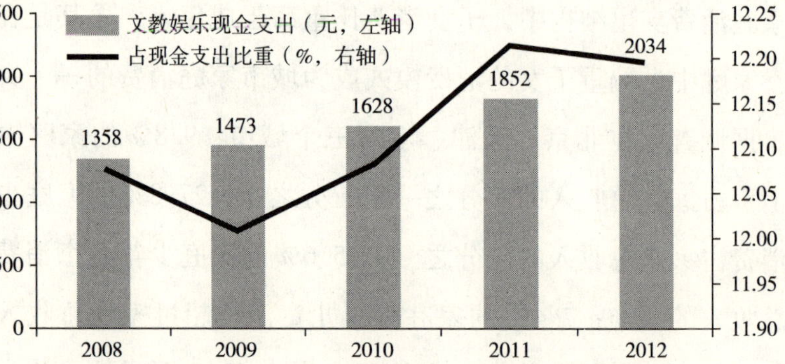

图5　我国城镇居民文教娱乐支出在人均消费支出中的比重变化

资料来源：国家统计局。

表3　　不同收入家庭中儿童消费结构比较（%）

	低于1000元	1000~2000元	2000元以上
食品玩具类	60.5	45.2	40.6
服装类	29.0	43.8	32.0
教育娱乐类	10.5	11.0	27.4

资料来源：中国社会调查事务所（SSIC）。

表 4　　不同文化程度家庭在教育投资上的差别（%）

	教育娱乐消费占总消费比重
初中	11.5
高中	23.8
大专	31.2
本科及以上	50.0

资料来源：中国社会调查事务所（SSIC）。

3. 老龄群体和儿童少年消费扩大的驱动因素

促进老年群体和儿童及青少年群体消费新增长点快速形成的驱动因素主要包括：

一是人口结构变化导致老龄人口规模扩大，占总人口比重持续上升，直接导致与老年人消费相关的产品和服务市场的快速扩张。

二是以核心家庭为主的家庭结构的发展，养老社会化服务需求日趋增加，从而带动养老地产、养老服务、家庭医疗保健服务需求的增加。

三是长期实行的计划生育政策调整，以及现代生育理念的形成，使家庭更加注重儿童健康、教育、休闲娱乐等方面，相关支出呈不断增加的趋势。

四是城乡居民收入持续快速增加，使老年人和儿童等群体在消费支出水平上有了明显提升。

五是城镇化的持续推进，导致劳动力转移的同时，部分老人和子女也一起进入城市生活工作，加快了相关产品与服务市场的集聚和快速增长。

（四）基于消费结构升级和技术进步的健康产品消费

目前，我国消费结构依然处在较快升级阶段，消费的内容和档次都在发生变化，特别是居民对健康的关注度日益提升，在健康产品和服务方面的支出不断增加，相关市场潜力巨大。健康产品及相关服务完全有条件成为我国当前以及未来相当长时期的消费新增长点。

1. 医疗健康产品及服务

在全球新一轮技术革命中，生物技术、新材料等领域的创新日新月异，而且在医疗和健康服务领域有广泛和深入的应用，由此产生出许多新型医疗健康产品和服务。

在新技术方面，生物技术（biotechnology）是应用生命科学研究成果，对生物或生物的成分进行改造和利用的技术。现代生物技术综合分子生物学、生物化学、遗传学、细胞生物学、胚胎学、免疫学、化学、物理学、信息学、计算机等多学科技术，近些年来在医疗和健康领域的应用和发展极为迅猛。一些基于生物技术的医药产品和医疗技术，已经运用在诊断、预防、控制乃至消灭疾病和传染病。例如，生物新药普遍用于治疗心脏病、癌症、糖尿病和传染病的一类新药；基因工程和相关技术的最新应用是个体基因芯片，将为居民预防和治疗先天疾病和疑难病症供新的途径和手段。

从新材料的发展和应用来看，其未来新材料技术和生物技术在医疗和健康服务领域的应用前景也十分广阔。根据国家《新材料产业“十二五”规划》显示，到2015年，预计需要人工关节50万套/年、血管支架120万个/年，眼内人工晶体100万个/年，医用高分子材料、生物陶瓷、医用金属等材料需求将大幅增加。这些都将通过新材料和3D打印等技术得到解决。

2013年我国健康产业市场规模约为2万亿元，据中国科学技术战略研究院研究预测，保守估计，至2020年，整个健康产业的潜力将达10万亿元左右，其中，生物医药产业将形成约8万亿元的产值规模①。另据国务院《关于促进健康服务业发展的若干意见》提出的发展目标，到2020年力促健康服务业达到8万亿元的市场规模。卫生部“健康中国2020”战略研究报告也提出，到2020年，中国卫生总费用占GDP的比重达到6.5%～7%。其中，政府卫生投入占政府财政支出的比重达到11.0%。

2. 绿色有机食品

随着城市化的不断发展和居民生活水平的提高，城市居民对健康、食品安全越来越关注，绿色、有机食品的消费稳步扩张，而生物技术对此发挥了积极作用。借助生物和育种技术，可以提高农作物、畜禽、花卉林木的产量和抗病虫害能力，还能研发出更多适应人类和不同人群需求的健康食品品种。与此相适应，近年来我国绿色有机食品行业保持了较快发展的态势。截至2012年底，全国已认证绿色食品17125个、有机农产品超过7000个，绿色食品产品

① 《2020年健康产业发展趋势预测分析》，转引自中国行业研究网：http：//www.chinairn.com/news/20130412/095616357.html。

国内销售额超过3000亿元（见图6），年均增长19%[①]。未来一段时期，我国绿色有机食品将成为食品行业高端领域和城市居民追求新目标。预测到2020年，我国绿色有机食品增幅将继续保持20%左右的增幅，届时绿色食品国内市场规模将超过1.4万亿元，有望成为继欧盟之后的第二大绿色有机食品消费国。

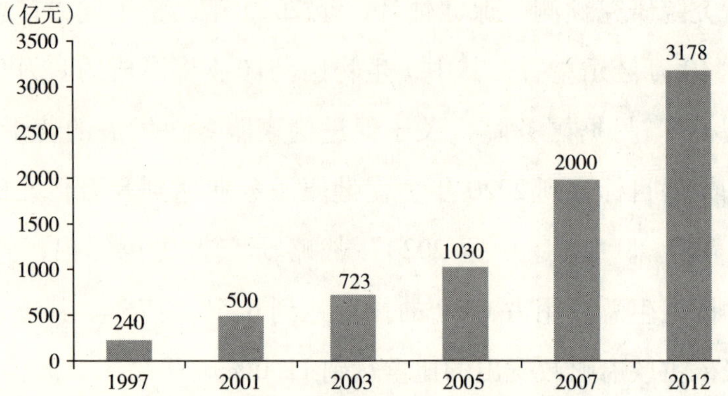

图6　中国绿色食品国内市场增长情况

资料来源：中国绿色食品发展中心，《2012绿色食品统计年报》。

3. 家用健康产品及器械

随着经济发展和城乡居民健康意识的提高，疾病预防、自我保健、家庭治疗康复等已经成为健康理念变化的重要体现，各种家用和小型健康产品和器械正在加快进入居民家庭，成为医疗健康领域的重要新增长点。

相对于医院公共医疗设备和器械而言，家用健康器械主要包括以保健、康复、监测、调理、辅助治疗、改善环境等为主要功能家

① 中国绿色食品发展中心：《2012年绿色食品统计年报》，http：//www. greenfood. moa. gov. cn/zl/tjnb/2012/201305/t20130529_ 3477105. htm。

用健康产品和小型器械，具有操作简单、体积小巧、携带方便等特征。如医疗康复类为主的家用健康器械，包括高电位治疗仪、中低频治疗仪、温热理疗床、牵引器、制氧机、助听器等；监测类主要包括电子体温、血压、血糖、心脏等电子监测设备；保健类包括洗鼻、洗牙、按摩、足疗、美容、睡眠改善等器械，以及跑步机、家用健身器械等；环境改善类则包括加湿器、空气净化器、净水机及除菌设备等。

从全球范围看，家用健康器械在世界呈现快速增长态势。美国市场规模约为 150 亿美元，年均增速达到 15%，被美国《财富》杂志评价为未来 10 年增长最快的产业之首[①]。2010 年，欧美发达国家家用医疗保健产品消费支出已经占到总消费支出的 1/4 以上，而我国人均年消费仅为 0.07%，其中，人均保健产品消费仅 31 元，分别是美国和日本的 1/7 和 1/12[②]。2013 年，我国医疗器械总产值达到4000 亿元，较2005 年翻了两番多。如果到2020 年我国人均消费支出达到美、日等发达国家目前水平，整个家用健康产品及器械市场规模将达到5000 亿元，年均增长 14% 以上。

4. 促进健康产品及服务消费快速增长的驱动因素

促进健康产品及服务消费快速增长的驱动因素主要包括：

一是城乡居民收入持续快速增加，以及健康理念的变化，引发健康产品及器械需求的增长。

---

① “健康产业呼唤品牌连锁崛起”，连锁中国：http：//info. lenso. cn/info/2007 - 07 - 24/1379. htm。

② 孙佑元、谭杰，《目前我国家用医疗器械现状及展望》，载《中国医疗器械信息》，2011 年第 17 卷第 2 期。

二是人口结构变化特别是老年人口比重的上升，对医疗器械、康复护理产品及服务的增长。

三是城镇化快速推进使得城市居民工作、生活节奏加快，亚健康及慢性疾病人群的增加，促进家庭对健康器械及服务需求。

四是环境污染加剧，导致城镇居民改善居室、汽车等小环境的需求日益强烈。

（五）基于技术进步和理念转变的节能环保产品消费

1. LED 等新型照明产品

在 LED[①] 技术革命的发展和引领下，我国 LED 市场规模保持 20% ~30% 的增长速度，正向千亿元规模迈进（见表 5），成为世界 LED 产业发展最快的地区之一[②]。2013 年，我国 LED 芯片、封装和应用整体市场规模约为 2600 亿元[③]。据预测，到 2015 年，我国 LED 仅通用照明市场规模就将达到 400 亿元，渗透率接近 10%，年均增速约 40%，带动 LED 相关产业产值将超过 5000 亿元；到 2020 年，LED 通用照明渗透率将超过 20%，市场规模约近 700 亿元[④⑤]，带动 LED 相关产业 1.2 万亿元，年均增长 25%。

---

① 发光二极管（Light - Emitting Diode，简称 LED）是一种能发光的半导体电子元件，近年来普遍应用于照明、背光源、装饰装修等。

② 毕向辉、王青，《我国应以国家战略高度推进 LED 产业快速发展》，载《现代工业经济和信息化》，2011 年第 8 期。

③ “LED 照明应用市场发展大未来”，电气自动化技术网：http：//www. dqjsw. com. cn/xinwen/shichangdongtai/127415_ 2. html。

④ “2013 - 2020 年中国 LED 通用照明市场规模预测”，中国行业咨询网：http：//cache. baiducontent. com/。

⑤ 集邦 LED 中国在线（LEDinside）：http：//www. ledinside. com. tw/market_ news_ led_ 200708。

表 5　　　　LED 市场应用及市场规模预测

应用范围	应用市场	市场容量预测
信息显示	电子仪器、家用电器信息指示、计分牌、广告牌等	百亿元级
交通信号	城市交通、高速公路、铁路、机场、航海和江河信号灯等	百亿元级
汽车用灯	转向灯、刹车灯、雾灯、车内仪表显示及照明等	百亿元级
LED 背光源	手机、数码相机、笔记本电脑、彩色电视的显示屏等	百亿元级
LED 照明	室外景观照明、室内装饰照明、专用照明、安全照明、特种照明、普通照明等	千亿元级

资料来源：毕向辉，王青（2011），“我国应以国家战略高度推进 LED 产业快速发展”。

2. 以 OLED 为代表的显示产品

半导体技术和平面显示技术是电子产品发展的关键支撑，而“缺芯少屏”一直是制约我国电子信息产品发展的重要因素。随着智能手机、平板电脑、智能电视等智能终端市场的快速扩张，全球对平板显示产品的需求将高速增长。以液晶面板为代表的平板显示器件是电视、电脑和手机等显示终端的核心部件，各种显示终端所需要的液晶屏将直接或间接带动数千亿元的年产值。2012 年，我国平板显示产业规模达到 700 多亿元，逐步超越日本成为全球第三大 TFT－LCD 生产地。

从平面显示技术发展和全球领先企业的研发状况来看，以 AMOLED① 显示技术和产品为主的新一代显示面板将成为未来显示技术阶段性升级的主流方向。世界主要液晶面板生产企业将生产能

① OLED 即有机发光二极管（Organic Light－Emitting Diode），又称为有机电激光显示（Organic Electroluminesence Display，OELD）。从驱动方式来看，OLED 可分为无源驱动（PMOLED）和有源驱动（AMOLED），其中 AMOLED 在未来发展和应用上具有更大优势和市场前景。

力纷纷转移到我国，而自身加强 OLED 研发。

近两年 OLED 在显示领域特别是智能终端领域的应用开始加快。受三星 Galaxy 系列高性能智能手机需求大幅增长的影响，据 NPD DisplaySearch 分析，2013 年 AMOLED 手机面板出货量约为 2.17 亿片，较 2012 年增长超过 60%；面板总出货面积到 2014 年一季度将达到 55.7 万平方米，较 2013 年同期激增 112%[①]。2012 年我国 OLED 面板市场销售额达到 145.9 亿元，同比增长 81.2%[②]。未来 OLED 在显示领域替代 LCD 的趋势明显，这使得未来几年我国 OLED 市场都将迎来高速平稳的增长。

除家用电器外，未来从智能手机到建筑物上安装的巨型屏幕等多种应用，将推动 OLED 柔性显示器全球出货量快速增加，从 2013 的 320 万个增至 2020 年的 7.92 亿个[③]，激增近 250 倍，占平面显示产品出货量的 64%。除此之外，应用 OLED 柔性显示技术的智能眼镜的市场化步伐也在加快。智能眼镜的商业化，将引发移动智能终端和媒体娱乐业的一次革命。考虑到上述因素，预测到 2020 年，我国 OLED 市场规模将达到 3700 亿元，自 2012 年起，年均复合增长率将达到 50%。

3. 节能环保产品消费增长的驱动因素

促进节能环保产品消费增长的驱动因素包括：

---

① 《NPD DisplaySearch：预计 2013 年 AMOLED 手机面板出货量将达 2.17 亿片》，中文互联网数据咨询中心：http：//www.199it.com/archives/156419.html。

② 《中国 OLED 显示市场现状及趋势分析》，中华液晶网：http：//www.fpdisplay.com/news/2013－11/info－163833－332.htm。

③ 《2020 年 OLED 柔性显示器出货量将达到 8 亿个》，中国 OLED 网：http：//www.oledw.com/oled－news/201311/8587.shtml。

一是在全球气候变化以及我国资源环境发展瓶颈日益收紧的大背景下，城乡居民的消费理念发生重大变化，减少能源消耗和碳排放、更多使用节能环保产品，正在成为我国消费市场的重要发展趋势。

二是随着技术进步及成果商业化应用加快，与新能源、新材料、节能环保技术相关的产品，在品种和价格上都有所改善，供给结构优化导致消费增长加速。

三是政府对节能环保产品消费提供补贴等重要消费政策的引导，促进了节能环保产品市场需求的快速扩张。

（六）基于消费结构升级的高档商品及奢侈品消费

改革开放以来，我国经济和生产力发展水平已实现大幅度跃升，物质产品供应日益丰富，城乡居民在吃、穿、用等方面的消费不断提升，消费发展正在从“量”的发展向“质”的提升转变，并由此形成了对高质量、高品质消费品的巨大需求。特别是随着居民收入水平的提高，一些体现商品质量和品质的国际著名品牌消费品乃至奢侈品，成为近年来我国消费市场的增长点。

由于我国居民收入差距较大，受教育程度不同，对于高品质、高质量消费品的需求存在多层次需求。中等收入及以上的消费群体、受教育程度较高的年轻消费群体，特别是“80 后”、“90 后”的群体，具有较强的消费品牌意识，追求高质量、个性化的生活消费，是当前及未来高质量品牌消费品乃至奢侈品的主要消费人群。目前，在城镇居民家庭中，中等偏上及高收入家庭占比为40%，约有近 1 亿个家庭。在过去的十几年里，我国涌现了近 1.8 万人的亿万富翁，4.4 万人的千万富翁①。可见，我国高档品牌消费品乃至奢侈品的潜在需求和市场发展潜力十分可观。

以奢侈品为例，目前我国已成为全球最大、发展最为迅速的高档消费品及奢侈品的消费国。特别是自 2008 年国际金融危机以来，我国高档消费品进口快速增长。其中，小轿车进口额由 2008 年的 63.5 亿美元增长到 2012 年的 195.7 亿美元，年均增长率为 32.5%；电视摄像机、数字照相机及视频摄录一体机由 2008 年的 31.8 亿美元增长到 2012 年的 99.3 亿美元，年均增长 32.9%；手表、钻石的进口额分别由 2008 年的 12.1 亿美元、30.3 亿美元增长到 2012 年的 23.1 亿美元和 57.6 亿美元，年均增速分别为 17.6% 和 17.5%（见图 7）。2011 年底，中国奢侈品市场年消费总额已经达到 126 亿美元（不含私人飞机、游艇和豪华车），约占全球份额的 28%②。

在高档商品和奢侈品进口市场快速增长的同时，我国居民在海外购买高档消费品及奢侈品的规模也在快速增长，特别是借助电子商务购买国外商品的规模增长迅猛。2012 年，中国网络购物用户海外代购交易规模近 500 亿元人民币，同比增长 82.3%。高档服装、化妆品、婴儿用品、3C 产品和保健品成为海外代购、海淘的主要品类③。预测到 2020 年，我国海外代购市场规模将达到 5500 亿元，年均增长 35% 左右。

---

①② “2012 年中国奢侈品消费将位居全球首位”，《人民日报》，2012 年 2 月 28 日。

③ 中国电子商务研究中心（2013）：《2012 年度中国网络零售市场数据监测报告》。

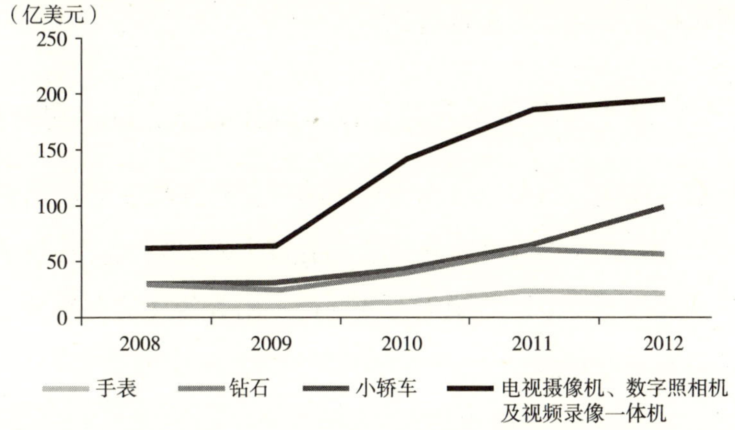

图 7　2008～2012 年我国部分中高档消费品进口额

资料来源：CEIC。

据里昂证券预测，到 2020 年，全世界奢侈品市场的规模将达到 3850 亿欧元[①]，现价折算约为 6500 亿元人民币，届时将有 44% 的奢侈品市场转移到中国大陆地区[②]。

我国高档商品及奢侈品市场快速增长的主要驱动因素包括：

一是居民收入水平整体持续提高，中等收入及以上人群，特别是富有人群持续扩大，对高档消费品和奢侈品的购买能力明显提升。

二是国内对高质量、安全性高的消费品需求日益增长，消费品特别是食品等方面的消费安全依然存在较大提升空间，导致部分消费者选择标准高、质量优、消费法规完善的进口商品。

三是加入 WTO 之后，国内外消费品市场一体化发展加快，为

---

① “中国奢侈品市场将成世界第一”，华尔街日报中文版：http：//cn. wsj. com/gb/20110209/rec092332. asp。

② “预测：2020 年近半奢侈品市场移至中国”，新浪网：http：//fashion. eladies. sina. com. cn/industry/2011/0223/072920342. shtml。

中国居民提供了更多的市场选择。

（七）基于消费结构升级和技术进步的住、行、用消费

目前，住房、汽车、家电等传统消费仍然在城乡居民消费中占有重要地位，相关产业和市场依然具有较大发展空间。在技术进步加速和消费理念变革的背景下，住、行、用等传统消费领域也孕育着大量消费新增长点。

1. 绿色住宅和智能住宅

根据对未来10年我国城镇居民住房需求及保障房需求的测算，我国住房投资预计将在2015年前后达到峰值。未来10年，我国住房需求和住房投资依然会保持中高速增长（见表6、图8）。

表6　　2013～2022年中国城镇住宅指标预测

年　份	城镇人均住宅建筑总面积（平方米）	城镇常住人口（亿人）	城镇住宅存量（亿平方米）	年竣工量（亿平方米）
2013	28.6	7.3	208.1	12.3
2014	29.4	7.5	219.2	12.7
2015	30.2	7.6	230.5	13.0
2016	30.9	7.8	241.6	13.1
2017	31.7	8.0	252.6	13.1
2018	32.4	8.1	263.7	13.3
2019	33.1	8.3	274.7	13.5
2020	33.8	8.5	285.5	13.4
2021	34.4	8.6	296.0	13.3
2022	34.9	8.8	306.1	13.1

资料来源：刘世锦，《中国经济增长十年展望（2013～2022）》。

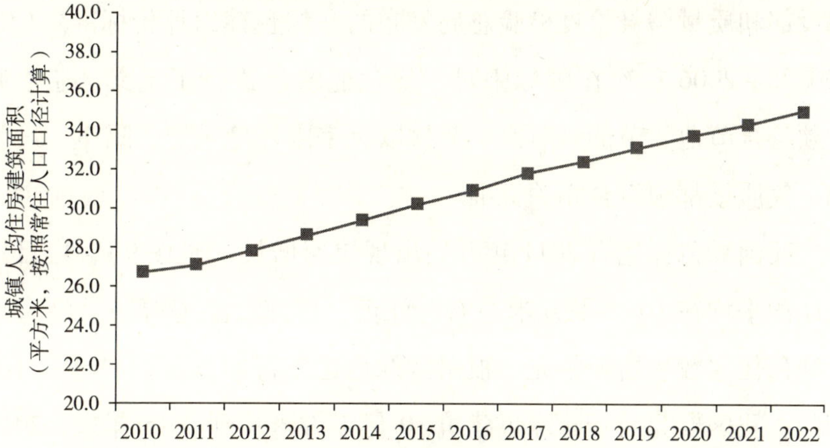

图 8　2010～2022 年中国城镇人均住宅建筑面积预测

注：城镇人均住宅建筑面积为城镇住宅建筑总面积/城镇常住人口。
资料来源：刘世锦，《中国经济增长十年展望（2013～2022）》。

因此，房地产市场的持续增长，仍然是推动我国经济增长、促进居民消费结构升级、拉动相关消费的重要内容和有力支撑。在增长过程中，随着环保节能技术、新材料技术、信息技术的发展，以及人们环保理念的提升，绿色住宅和智能住宅将成为住房消费的新增长点。

（1）绿色住宅

所谓“绿色住宅”，是根据住宅建筑周围的自然、人文环境，综合运用生态学、建筑学的基本原理以及现代科技手段，应用绿色环保建筑装饰材料并合理安排、组织住宅建筑内外空间与系统内其他相关因素之间的关系，使其成为一个有机的统一体①。中国国家

① 吴荣坤，“绿色住宅是 21 世纪城市住宅发展的必然趋势”，载《建材发展导向》，2012 年第 10 卷第 2 期。

建设部和质量监督检疫检验总局发布的《绿色建筑评价标准》GB/T50378－2006首次在国标中对“绿色建筑”进行了定义，还强调必须符合节地、节能、节水、节材以及室内环境采光、隔声、通风和空气质量都须符合相关标准。

我国绿色住宅自2011年开始出现快速增长（见图9），项目建筑面积平均在10万平方米左右。江苏、广东、上海等三个沿海地区绿色住宅数量居于领先。根据《绿色建筑行动方案》，“十二五”期间，我国要完成新建绿色建筑10亿平方米；到2015年末，20%的城镇新建建筑达到绿色建筑标准要求。政府投资的建筑项目，副省级以上城市及省会城市的保障性住房，以及单体建筑面积超过2万平方米的大型公共建筑，自2014年起全面执行绿色建筑标准[①]。

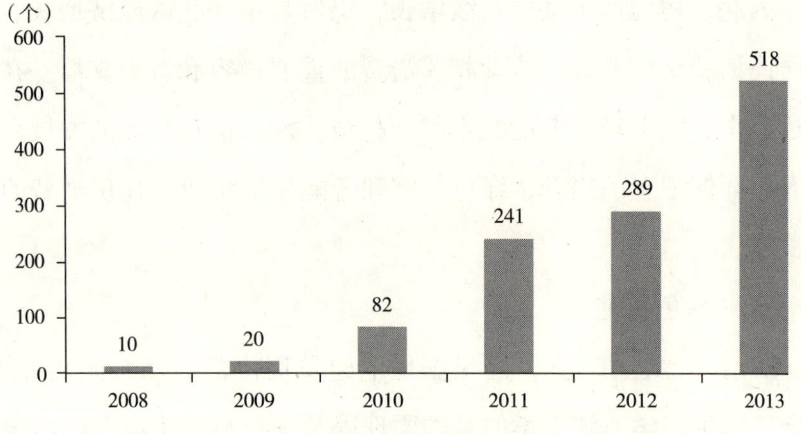

图9 2008～2013年我国绿色建筑项目评价标识项目增长情况

资料来源：王建清等（2013），“2012年全国绿色建筑发展与评价标识工作”。

① 《国务院办公厅关于转发发展改革委住房城乡建设部绿色建筑行动方案的通知》（国办发〔2013〕1号），中华人民共和国中央人民政府官网：http：//www.gov.cn/zwgk/2013－01/06/content_ 2305793.htm。

据相关机构测算，建筑业每增加 1 万元产值，至少消耗 0.35 万元建材产品[①]。如果按照 2013 年底全国 100 个城市住宅平均价格每平方米 1 万元价格水平测算，到 2015 和 2020 年，全国仅绿色建材市场规模分别约为 9000 亿元和 3.3 万亿元，到 2020 年绿色住宅年销售额约为 9 万亿元，约占住宅总销售额的 70%（见图 10）。

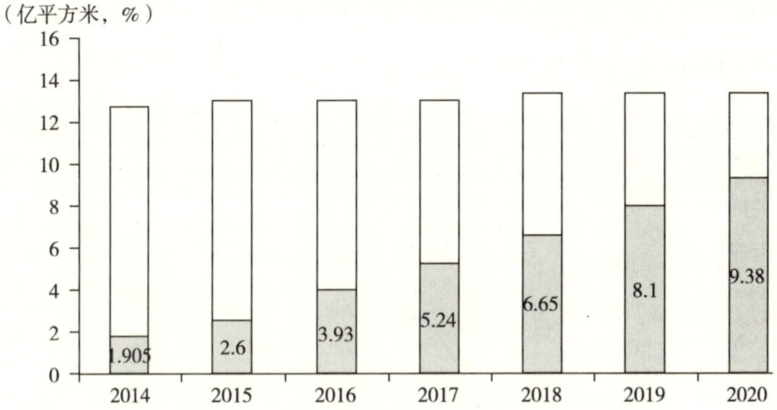

图 10　2014 ~ 2020 年中国绿色住宅面积预测及比例变化

资料来源：国务院发展研究中心市场经济研究所课题组。

（2）智能化（数字化）住宅

智能化（数字化）住宅则是利用系统集成方式，将现代计算机技术、现代控制技术、现代图像显示技术等多种高科技与各种各样的建筑通过网络联系起来，使住宅建筑物的结构、设备、服务及管理依据住户的需要进行最优化的组合，为居住者提供高效、便利、舒适、科技的居住环境。在智能化住宅使用和小区的管理和服务中，较多采用现代网络和信息科技，来提升自身对信息管理和信息

① 张雪娇："绿色建筑的绿色需求"，载《中国建材报》，2013 年 12 月 2 日。

综合利用的能力，借此提高社区信息化、智能化水平。随着技术发展和居民生活水平的提高，未来中高收入群体对智能化住宅和小区的需求将日益增加。

从全球行业发展趋势来看，发达国家智能住宅市场在2005年前后开始启动，目前，美国智能建筑占新建建筑的比例为70%，日本为60%①。以欧洲智能家居市场为例，2007年以后增速持续保持在20%以上（见图11）。

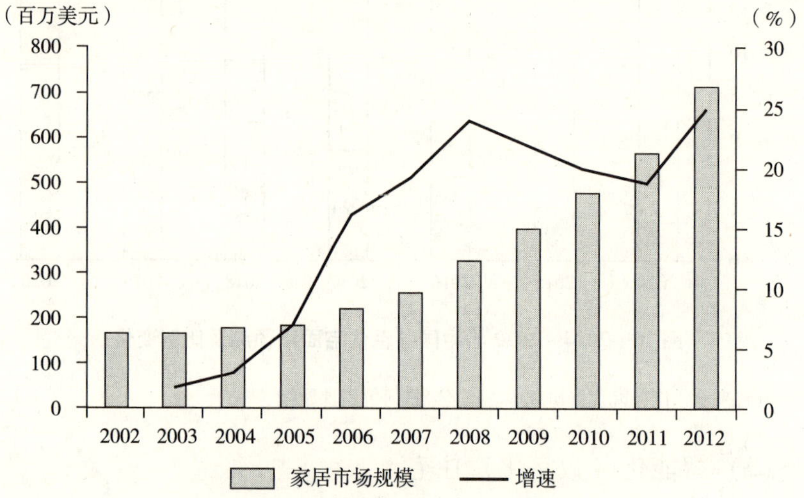

图11　欧洲智能家居市场规模及增速

资料来源：前瞻产业研究院。

我国智能家居的启动时间落后发达国家5~6年，“十二五”期间开始进入快速发展期。以智能家居为例，从2006年至2011年，我国智能家居市场的年增长率平均为20%。预计未来我国智能建筑

① 前瞻产业研究院：《2013-2017年中国智能家居设备行业发展前景预测与投资机会分析报告》。

在新建建筑中的比例将保持每年 3 个百分点左右的提升速度（见图 12），到 2020 年，我国智能建筑在新建建筑中的比重将达到 60% 左右。根据测算，目前，智能建筑的投资约合建筑总投资的 5% ~ 8%，较高标准可达 10%[①]。随着智能建筑技术的发展和完善，智能化住宅投资比重将继续提升。如果按照投资比例 10% 算，预计到 2020 年，智能住宅拉动相关产出将达到 1.3 万亿 ~ 1.4 万亿元，其中，智能家居市场将达到 3600 亿元，年均增长 25%；智能住宅市场销售规模将达到 8 万亿元，占住宅销售总额约 60%。

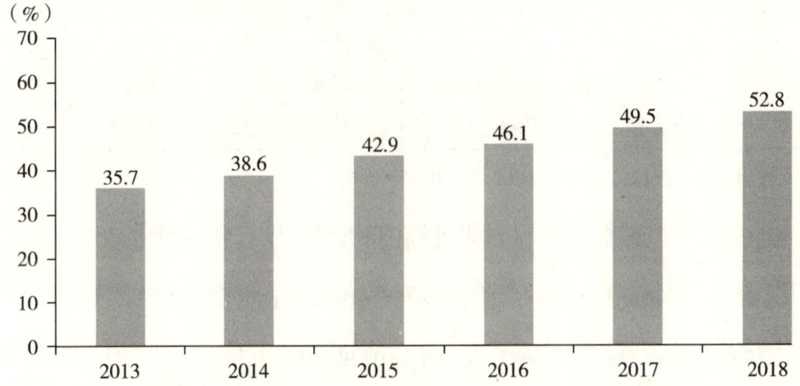

图 12　2013 ~ 2018 年中国智能建筑占比预测

资料来源：前瞻产业研究院。

2. 汽车：节能和新能源汽车、汽车电子产品及服务

从整体发展情况来看，我国汽车市场正处于从普及期的高速增长阶段向中高速增长阶段的转换期。2013 年，我国千人汽车拥有量约为 92 辆，在 2015 年前后，千人汽车拥有量增速将从 5 ~ 100 辆的

① 《电脑知识与技术》，2006 年 Z1 期。

19%～20%，回落到100～200辆的11%～12%增速区间，到2020年前后回落到5%以下（见表7）。因此，未来10年我国汽车需求依然处于较高的增长水平，对相关消费的拉动作用依然明显，对我国经济增长和消费扩张具有重要支撑作用。

表7　　工业化国家或地区汽车需求增长的阶段特征

<table>
<tr><th>发展阶段</th><th colspan="2">增长特征</th><th>千人汽车拥有量（辆）</th><th>人均 GDP（1990 年国际元）</th><th>年均增速（%）</th><th>历时（年）</th></tr>
<tr><td>孕育期</td><td colspan="2">低速</td><td>0～5</td><td>0～3500</td><td>—</td><td>—</td></tr>
<tr><td rowspan="4">普及期</td><td colspan="2" rowspan="2">高速</td><td>5～20</td><td>3500～4500</td><td>18～21</td><td>7～9</td></tr>
<tr><td>20～100</td><td>4500～9000</td><td>19～20</td><td>8～9</td></tr>
<tr><td rowspan="2">中速</td><td>中高速</td><td>100～200</td><td>9000～12000</td><td>11～12</td><td>5～7</td></tr>
<tr><td>中低速</td><td>200～400</td><td>12000～16000</td><td>4～5</td><td>14～16</td></tr>
<tr><td>饱和期</td><td colspan="2">低速</td><td>400 以上</td><td>16000 以上</td><td>1～2</td><td>—</td></tr>
</table>

资料来源：根据国务院发展研究中心数据库整理。

随着全球资源瓶颈日益收紧和环境压力不断加大，欧、美、日等发达经济体都在努力寻求能够有效解决各种矛盾的综合方案，而新能源战略和新能源技术，特别是节能和新能源汽车也日益成为各国共同锁定的战略焦点，未来将成为汽车消费领域的新增长点。

（1）节能汽车

所谓节能汽车，是指在不改变汽车以石油制燃料作为主要动力源的前提下，使其具备低能耗、低污染、小排量技术特征，或者引入其他辅助能源（例如使用电能、醇醚、燃气等），从而达到节油效果的汽车。节能汽车发展基于动力、新材料和燃油经济三大汽车技术创新成果的应用。随着环保、能源压力的加大，节能汽车作为向新能源汽车过渡的短期产品，将在未来具有较大的增长潜力。

（2）新能源汽车（New Energy Vehicles）①

在锂离子动力电池技术获得巨大突破的情况下，电气化的技术路线，主要是以插电式混合动力汽车及纯电动汽车的技术路径日益为厂商认可。目前，业内普遍认为插电式混合动力汽车和纯电动汽车在2015年将占新车销售比重的7%～15%。2020年，全球仅纯电动汽车全产业市场规模将超过2500亿美元，将超过太阳能、风能等大部分清洁技术的市场规模（见图13）②。届时，我国将成为全球最大的电动汽车市场（见表8、图14）。

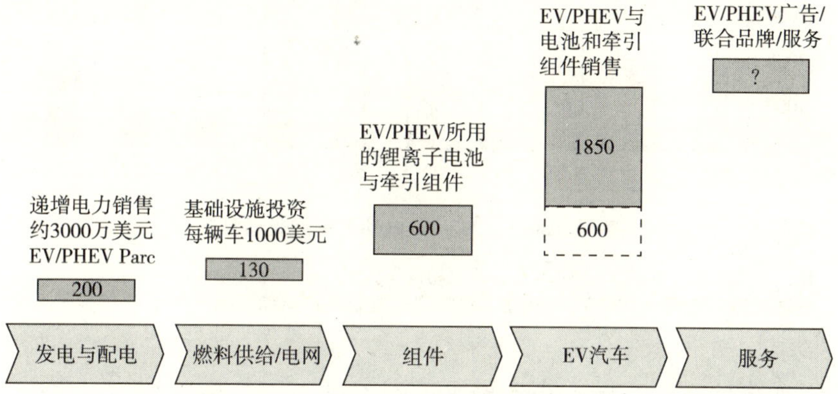

图13　电动汽车（EV）产业价值链构成（单位：亿美元）

资料来源：世界银行（2011）：The China New Energy Vehicles Program：Challenges and Opportunities。

① 依据中国工业和信息化部2009年7月颁布的《新能源汽车生产企业及产品准入管理规则》，中国新能源汽车的官方概念是：采用非常规的车用燃料作为动力来源（或使用常规的车用燃料、采用新型车载动力装置），综合车辆的动力控制和驱动方面的先进技术，形成的技术原理先进、具有新技术、新结构的汽车。新能源汽车包括插电式混合动力汽车（PHEV）、纯电动汽车（BEV，包括太阳能汽车）、燃料电池汽车（FCV）、其他新能源（如高效储能器、醇醚、液压、空气动力等）等汽车产品。

② 世界银行（2011）："The China New Energy Vehicles Program：Challenges and Opportunities"（《中国新能源汽车行动计划：挑战与机遇》），http：//www. worldbank. org. cn。

表 8　对中国未来电动汽车市场规模和占比的预测

时　间	市场规模（万辆）		轻型车总销量占比（%）	
	HEV	PHEV + BEV	HEV	PHEV + BEV
2015	650	300	9	4
2020	980	800	12	10

资料来源：王青（2012），《从技术跟随到战略布局：新能源汽车技术革命与中国应对战略》。

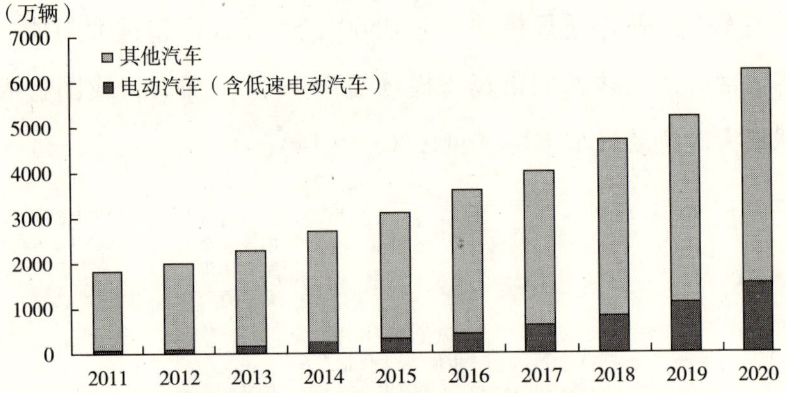

图 14　2011～2020 年电动汽车增长预测

注：电动汽车包括 BEV、PHEV 和低速电动汽车。

资料来源：王青（2012），《从技术跟随到战略布局：新能源汽车技术革命与中国应对战略》。

如果按照一台纯电动或插入式混合动力汽车价格 20 万元计算，到 2020 年，我国电动汽车每年新车销售规模将接近 1.6 万亿元，同时每年将带动新增 3000 亿～4000 亿元的相关后市场服务及信息消费规模。

（3）车载电子产品及服务

将车载电子装置与信息和移动通信及移动互联网络技术集成和整合，将成为未来电子技术发展的方向，特别是将音乐播放器、掌上电脑及其他装置与汽车娱乐系统同步合成。目前，不仅整车厂、电器和电子产品企业广泛进入汽车消费电子领域，微软、苹果和谷歌公司均已进入汽车电子领域。同时，基于信息技术、定位技术、软件设计等的汽车消费服务市场也保持快速增长势头。目前，我国汽车后市场尚处于发展的初级阶段和起步阶段，但即便如此，由于保有量较大，市场也已初具规模。2013 年，我国汽车用品市场规模约为 5025 亿元，其中，汽车电子产品销售额最高，为 1738 亿元，占 35%。预计到 2020 年，与电子、通信、车联网、娱乐等相关的服务将保持快速增长势头，带动车载电子产品及服务保持 20% 左右的增速。届时，汽车电子产品及相关服务将超过 6000 亿元，在汽车用品市场中的占比将达到 60% 以上。

3. 家电：智能家电

智能家电就是微处理器和计算机技术引入家电设备后形成的家电产品，具有自动监测自身故障、自动测量、自动控制、自动调节与远方控制中心通信功能的家电设备。智能家电产品分为两类：一是采用电子、机械等方面的先进技术和设备；二是模拟家庭中熟练操作者进行模糊推理和模糊控制。电信网、互联网、电视网的“三网融合”，电视、手机、掌上电脑（PDA）、电脑的“四屏合一”，使得空间压缩、时间延伸，智能化成为家电产品发展的趋势。例如，把电脑和数控技术相结合，开发出的数控冰箱、具有模糊逻辑思维功能的电饭煲、变频式空调、全自动洗衣机等。

同传统的家用电器产品相比，智能家电具有网络化、智能化、开放兼容性、节能环保、操作简便等特点和要求。同时，智能家电并不是单指某一个家电，而应是一个技术系统，随着人类应用需求和家电智能化的不断发展，其内容将会更加丰富。根据实际应用环境的不同，智能家电的功能也会有所差异，但一般应具备远程通信、智能控制、智能交互、功能集成等基本功能。

随着技术进步和普及速度的加快，未来我国对于智能家电的需求将呈现快速增长。以空调为例，根据《2013 年空调市场消费趋势报告》，2013 年国内空调市场零售量和销售额约分别为3545 万台和1213 亿元，同比分别增长8.6%和11.2%。但具备空气净化、抑菌、智能变频等功能的智能环保型空调产品大约为2095 万台，占市场总量的59%左右，该类产品在国美在线空调销售额中同比增幅将达到300%。2013 年，普通液晶电视销量同比下降9%左右，但智能和3D 电视零售量合计约为5000 万台，同比增长40%以上。另据中国电子信息产业发展研究院预测，未来3 年间，将有60%的电视更新换代为智能电视。预计到2020 年，智能手机渗透率将高达99%，智能电视渗透率达到93%，智能洗衣机、智能电冰箱、智能空调的渗透率将分别增至45%、38%和55%。到2020 年，我国智能家电的生态产值将从2010 年的50 亿元扩张至1 万亿元，智能终端将达到8000 亿元的市场规模，有望实现10 年200 倍的增长。

4. 传统消费领域新增长点形成的主要驱动因素

总体来看，住宅、汽车、家电等传统消费领域中有条件形成一系列上述消费新增长点，其主要驱动因素包括：

一是我国城乡居民消费结构整体上仍然处在以住、行消费为主的阶段。从城乡居民汽车、住房和家电拥有量来看，我国尚未达到人均拥有的峰值水平，特别是中西部地区发展水平相对落后，住、行消费水平依然较低，仍有较大增长空间。

二是技术进步的驱动。技术进步和产品创新是消费结构升级的长期驱动力。对于住、行、用等传统消费领域而言，技术进步及其带来的层出不穷的新产品，不仅会激发新的消费，也将促进已经拥有相关产品的家庭更新换代，从而实现传统消费领域的持续升级。

三是城镇化的继续推进。城镇化会使已有消费更加集聚，服务和基础设施的改善，会增加居民对产品和服务的消费需求，加速住、行、用等传统消费品的普及和升级。

四是人口及家庭结构的变化。随着经济和社会发展，核心家庭日益取代联合家庭成为我国家庭结构的主要形式。随着家庭结构的小型化、年轻化，不仅对住宅、家电、汽车等消费品的需求总量会有所增加，更重要的是有利于新技术、新消费理念的普及，从而有利于消费新增长点的发展。

（八）对消费新增长点及增长驱动力的总结

根据消费新增长点的确定标准，从增长潜力、增长速度、可持续性以及带动作用等方面看，上述消费热点领域都在未来具有成为消费新增长点的潜力和可能。这些消费新增长点目前的市场总规模大约为 15 万亿元（有部分重复计算），到 2020 年将达到 55 万亿元，整体年均增长 18% ~20%，与 2013 年我国 GDP 总量相当。其中，绿色住宅、新能源汽车、智能家电、节能环保产品以及高档商品的增长速度最快，而绿色住宅、智能住宅、信息服务、医疗健康产品、年龄群体消费以及服务消费的市场规模较大（见表 9）。

表 9　消费新增长点增长潜力及增速估测

新增长点	重点领域	当前市场规模*（亿元）	产值或市场规模（2020 年，亿元）	增长速度预测（CAGR,%）	带动产业
信息消费	移动智能终端	5000	12000	15	移动终端、信息消费、大数据、基础设施电子商务、娱乐、教育培训、移动金融等
	信息服务	10000	36000	20	移动智能终端、智能家电、智能住宅、文化消费、教育培训、信息基础设施等
服务消费	家庭服务	1600（2009）	12000	20	养老、护理、教育培训等
	文化娱乐	10388（2012）	37000	18	娱乐休闲、教育培训、信息服务等
	旅游消费	25900（2012）	79000	15	交通、商业、餐饮、住宿、文化创意等
	教育培训	4300	12000	15	文化消费、信息服务、移动智能终端等
年龄群体消费	老年消费	15000	33000	13	家政服务、医疗服务、文化娱乐、养老消费、旅游消费、医疗器械等
	儿童消费	12000	30000	12	家政服务、教育培训、旅游休闲、食品饮料、信息服务、高档商品、进口
健康产品及服务消费	医疗产品及服务	20000	100000	26	生物医药、医疗器械、医疗服务、基因工程、新材料等
	绿色有机食品	3178（2012）	14000	20	生物技术、基因工程、农业、食品加工、农产品进出口、电子商务等
	家用健康产品及器械	1500（2010）	5000	14	医疗器械、健康休闲、养生保健、家庭康复及护理、大数据等

续表

新增长点	重点领域	当前市场规模*（亿元）	产值或市场规模（2020年，亿元）	增长速度预测（CAGR，%）	带动产业
节能环保产品	LED	2600	12000	25	家庭及公共照明、智能交通、家电、汽车、仪器仪表等
	OLED	146（2012）	3700	50	照明、智能家电、智能终端、新材料等
高档商品	奢侈品	760（2011）	6500	26	化妆品、进口商品、服装箱包、电子产品、珠宝首饰、豪华交通工具等
	海外代购	500（2012）	5500	35	医疗器械、电子产品、高档食品、服装鞋帽、奢侈品、化妆品等
住行用消费	绿色住宅	7000	90000	40	住宅、绿色建材、新材料、装饰装修、家居等
	智能住宅	28000	80000	10	智能家电、IT、系统集成、安防、信息服务、娱乐、通信基础设施、住宅等
	新能源汽车	35	16000	200	汽车、动力电池、新材料、充电基础设施、智能电网、车联网、大数据、信息服务等
	车载电子	1738	6000	19	电子产品、移动智能终端、通信、娱乐、车联网、智能交通、信息服务等
	智能家电	50（2010）	10000	70	家电、信息通信、系统集成、智能家居、信息服务、物联网、通信基础设施等
合 计		约150000	约550000	18～20	

注释：除在括号内注明外，其余数据均为2013年数据。

资料来源：国务院发展研究中心市场经济研究所，《新时期我国消费新增长点研究》课题组。

三、加快培育消费新增长点面临的突出问题

现阶段，进一步释放居民消费潜力、形成消费新增长点，在供给及需求方面，以及在体制机制和政策方面还存在诸多制约。

（一）供给不足与结构失衡是制约消费新增长点形成和发展的突出问题

第一，创新型、高质量、多样化的消费品供给能力不足。随着经济的发展和居民生活水平的提高，我国社会需求结构和消费结构正在发生深刻变化，出现了许多新型消费领域和多样化的消费要求。但由于制造业整体发展水平不高和创新能力较弱，难以有效满足众多消费新增长点的快速形成和发展。一方面，在一些由技术进步推动的新型消费品领域，我国企业的研发和生产制造能力落后于国际先进水平，许多创新型消费品的市场供给受制于国际企业，不能满足城乡居民对各类创新型消费品快速增长的需求。另一方面，我国制造业企业普遍存在着产品结构雷同、质量档次不高、缺乏品牌信誉等方面的问题，还不适应消费者对更高质量、更高层次、更为多样的消费需求。

第二，服务消费的供给能力和质量水平亟待提高。虽然近年来我国服务业呈现出加快发展的良好态势，特别是生产性服务业得到了长足发展，但一些面向居民消费的服务行业发展相对滞后（见图15）。这些服务消费的供给能力滞后主要是受行业发展水平低的制

约，还有一些则是受到服务业管理体制机制的约束，进一步凸显了服务供需之间的结构性矛盾。以近年来快速发展的文化消费为例，2012 年全国艺术表演团体原创首演剧目达 4035 个①，平均每天有十多部剧目上演，其中不乏投资几百万甚至上千万元的大制作，但真正能够得到大众认可和欢迎的为数寥寥。

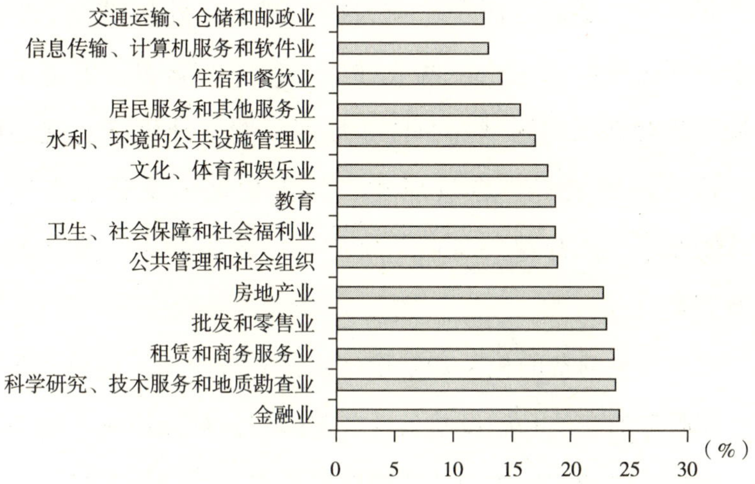

图 15　2006～2011 年我国服务业各行业年均名义增长速度

资料来源：根据相关年份的《中国统计年鉴》整理。

第三，新技术尚未规模化应用，制约了消费供给的广度。由于信息技术具有很强的渗透性、融合性以及带动性，在 4G 技术、云计算、物联网等新兴技术不断创新和应用的推动下，信息消费产品的供给结构得到很大改善，有力地促进了与信息消费相关的传统产品和服务的数字化、智能化改造。但目前来看，这些新技术尚未形成大规模应用的态势，从而使得智能终端产品研发和增值服务创新

① 数据来源：《中国统计年鉴 2013》。

仍显不足。

（二）消费基础设施和服务体系的支撑能力亟待提升

一是城市快速扩张过程中消费基础设施布局不合理。近年来，我国城市化进程明显加快，城市规模不断扩大，特别是特大城市规模扩张更快，建成区面积“摊大饼”式的向外拓展。不少城市的外来新移民受收入水平、就业性质等方面的影响，更多聚集生活在城市相对外围的区域。而这些地区消费基础设施的规划明显滞后于这一发展趋势，造成新建人口聚集区的交通、商贸、教育、休闲娱乐、医疗保健等消费基础设施较为缺乏，消费需求难以有效满足。

二是新产品消费的相关基础设施建设有待改善。目前，我国新型产品和服务消费的基础设施条件普遍薄弱，从而影响了消费扩张速度。例如，电动汽车作为新的消费增长点，由于缺乏足够规模和覆盖范围的充电桩和充电站，导致市场销售和基础设施供给之间陷入先有“鸡”还是先有“蛋”的困境。再如，对于增长较快的信息消费，则是存在着普及率偏低、电信设施带宽不够、资费偏高的共性问题。具体来看，在宽带普及方面，2012 年，我国固定宽带普及率为 13%，高于各国均值 9.1%，排在全球第 55 位；移动宽带普及率为 17.2%，低于各国均值 22.1%，全球排名仅为第 75 位[①]。尤其是中西部和广大农村地区宽带覆盖和普及的任务更为艰巨。在

① The Broadband Commission for Digital Development：“The State of Broadband 2013：Universalizing broadband”，http：//www. broadbandcommission. org/Documents/bb - annualreport2013. pdf.

带宽方面，我国 40% 的用户仍使用 4Mbps 以下的宽带接入，远低于发达国家 18Mbps 的主流速率[①]。在宽带费用方面，我国的宽带平均每 Mbps 接入速率费用是发达国家平均水平的 3～4 倍，而且网络质量难以令人满意[②]。可见，新产品消费的基础设施建设滞后，已成为制约相关新技术产品消费增长的重要因素。

三是服务于电子商务的物流体系不健全、发展不均衡。随着网上购物逐渐成为消费者重要的消费方式，我国物流快递业得到了飞速发展。2012 年，各类电子商务每天产生的快件量超过 900 万件，比 2010 年的 500 万件增长了近 90%，占全国日发送快件总量的比重上升到 61.2%（见图 16）。对那些小规模的快递公司来讲，电子商务产生的快件量甚至占其总业务量的 90% 以上。但目前来看，国内物流快递业的发展水平还远不能满足电子商务发展的需要。一方面，集储存保管、分拨配送、信息传递于一体的快递转运中心设施不足，无法满足快速增长的网购物流要求。尤其是节假日前后，快递公司更是频频出现“爆仓”，成为制约电子商务可持续发展的瓶颈。另一方面，全国物流体系发展还很不均衡，乡镇和边远地区的物流快递服务能力严重不足，难以及时有效地满足这些地区居民的消费意愿。

四是政府对基础性公共产品的投入仍显不足。当前，我国正处在经济社会发展的转型期，由于对基础性公共产品的投入依然偏弱，直接导致居民的预期消费支出增加。特别是近年来全国许多城

① 国家发展改革委有关负责人就《“宽带中国”战略及实施方案》答记者问，http://xwzx.ndrc.gov.cn/zcjd/201308/t20130819_553946.html。

② 周宏仁：《中国信息化形势分析与预测（2011）》，社会科学文献出版社 2011 年版。

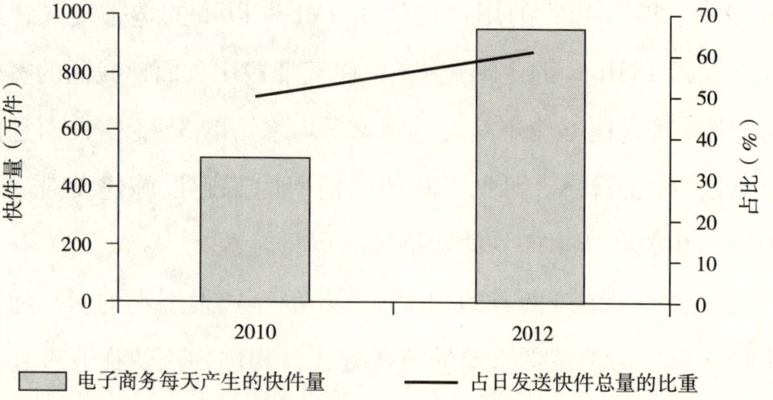

图 16　2010 年、2012 年我国电子商务每天产生的快件量及其占日发送快件总量的比重

资料来源：中国快递协会。

市掀起的“智慧城市”建设热潮，大部分还都停留在交通、给排水、环保等基础设施建设方面，而对教育、养老、医疗等民生服务的数字化、网络化投入明显不足，影响了消费新增长点的培育。

（三）消费者权益保护还存在欠缺和空白

第一，服务类投诉量呈较快增长势头。2005 年以来，全国消协组织受理的消费投诉中，服务类投诉量所占比重由 22.2% 持续攀升到 2013 年的 34.1%，上升了 11.9 个百分点（见图 17），成为消费者投诉最为集中的问题之一。从近两年情况来看，生活社会服务、销售服务、电信服务、互联网服务和公共设施服务位居服务类投诉的前五位。并且，互联网服务、公共设施服务以及邮政服务的投诉量及投诉占比均有较大幅度增长（见表 10）。

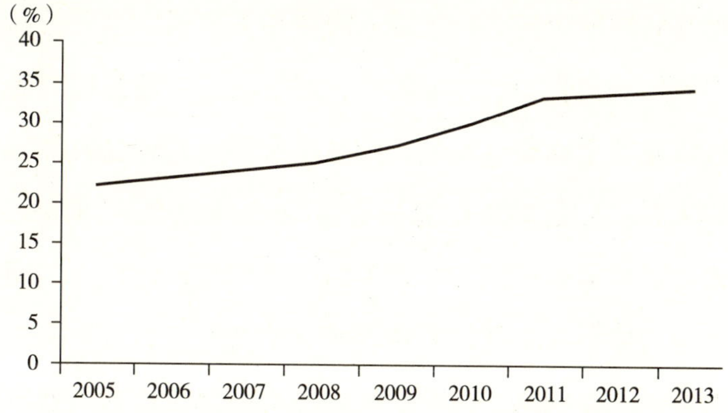

图 17　2005～2013 年全国消协组织受理的服务类投诉占比

资料来源：中国消费者协会。

表 10　　2012 年、2013 年全国消协组织受理的服务类投诉

服务类型	2012 年		2013 年	
	投诉量（件）	投诉占比（%）	投诉量（件）	投诉占比（%）
生活社会服务	50229	9.2	60951	8.7
销售服务	39005	7.2	49914	7.1
电信服务	31391	5.8	40619	5.8
互联网服务	21037	3.9	30100	4.3
公共设施服务	9785	1.8	14413	2.1
邮政服务	6507	1.2	13352	1.9
房屋装修及物业服务	6303	1.2	7804	1.1
教育培训服务	3698	0.7	6358	0.9
文化娱乐体育服务	3542	0.7	6173	0.9
旅游服务	2732	0.5	3561	0.5
卫生保健服务	6511	1.2	2442	0.3
金融保险服务	3669	0.7	3546	0.5

资料来源：中国消费者协会。

第二，网络信息安全和个人信息保护亟待加强。随着互联网特别是移动互联网的快速普及，网上购物越来越成为重要的新兴消费方式。但在发展过程中，病毒传播、网络攻击、信息窃取等安全事件甚至违法犯罪活动屡有发生，受到政府部门和社会各界的高度关注。具体来看：一是网络信息安全监管有待强化。网络交易过程中，消费者通常需要提供与之相关的个人信息，然而不少商家为加大宣传推销力度，在未征得消费者同意的情况下，以各种方式频繁骚扰消费者。二是网络支付存在风险隐患。由于多数消费者愿意使用更为便捷的第三方支付工具进行支付，使得网络诈骗招数花样翻新，各类钓鱼网站、木马程序层出不穷，甚至还形成了完整的黑色产业链，严重威胁了消费者的资金安全。三是个人信息泄露屡禁不止。随着移动智能终端渗透率的不断攀升，一些商家受经济利益驱使，盗取用户隐私信息后转让他人，进行非法牟利活动。

第三，消费者权益保护还存在法律缺失。对于大部分新出现的产品和服务，国家在立法、标准制定上缺乏及时性和针对性。相关法律法规及标准的不完善甚至缺失，对于新产品和服务的消费增长非常不利，甚至出现以次充好、混淆概念等现象，消费者难以有效维权，从而影响了消费规模的扩张。另外，随着我国金融产品和服务的不断创新，以银行服务收费、理财产品收益为代表的金融消费投诉呈明显增多趋势，而目前在这方面的消费者权益保护还存在着法律缺失，导致消费者难以有效维权。尽管 2014 年修订后的《消费者权益保护法》在保障消费者的知情权、选择权和损害赔偿请求权等方面有了明显进步，但由于金融产品和服务的特殊性，新的《消费者权益保护法》中很多规制措施在金融领域还都难以适用。

（四）消费者缺乏专业知识及存在消费误区

近年来，新型产品和服务创新层出不穷。但由于缺乏对相关知识的了解，消费者心存疑虑、不敢消费的现象仍然存在。例如，消费者在选购智能电视时，一些经销人员简单地将其介绍为“能上网的电视”，久而久之在消费者心中形成了一种错误认识，即认为具有网络功能的电视就是智能电视。其实，真正的智能电视是具有全开放式的平台，搭载了操作系统，可由用户自行安装和卸载软件、游戏等第三方服务商提供的程序，通过此类程序来不断对原有电视的功能进行扩充，并可通过网线、无线网络来实现上网冲浪的电视[①]。

与此同时，消费者还不同程度存在着非理性消费误区。一是盲目攀比型消费。一些消费者为了提前享受、追赶潮流，往往超出自身经济承受能力的限度，出现盲目攀比和过度追求高档品牌的情况。此外，现阶段城市家庭的独生子女比例较高，家长在尽可能多地为孩子创造成长的物质条件的同时，却忽视了孩子的心理健康，很容易形成溺爱、攀比的畸形消费。二是资源浪费型消费。目前，我国一些地区不同程度存在着不顾资源消耗成本、片面追求高消费的倾向。有的消费者节约意识淡漠，过度消耗水、电、油，大量使用以天然资源为原料的一次性用品。这些浪费型消费耗用了大量不可再生的稀缺资源，加剧了资源紧张，对经济社会发展的瓶颈制约越来越大，影响了消费增长的可持续性。

① 桑雪骐等：“家电消费误区知多少”，《中国消费者报》，2013年2月6日。

（五）相关准入制度不完善、管理体制不健全

首先，市场准入门槛偏高，限制了部分改善型服务的供给增长。当前，我国正处于消费结构持续升级的时期，特别是服务性消费进入快速增长期，消费者对信息服务、金融服务、文化娱乐、健身保健的消费需求不断增长。尽管国家出台了一系列加快服务业发展的政策措施，但民营资本在进入某些服务领域或是选择投资项目时仍受到一定限制。同时，部分服务行业还存在垄断和竞争不足的问题，一定程度上造成服务供给的总量与结构、质量和效率还难以充分满足城乡居民的需求，制约了消费新增长点的发展。

其次，管理体制上条块分割、分段管理、分头管理的现象依然明显。以信息消费为例，新一代通信技术、互联网技术的广泛应用，打破了原有行业、区域的界限，正在引发不同领域和产品的融合互动发展。然而，由于分割的管理体制，使得这种融合发展受到较大阻碍。另外，电信网、广播电视网、互联网“三网融合”进展相对缓慢，导致智能终端产品的跨界消费和增值服务创新受阻，已成为影响我国信息消费乃至信息化进程的重要障碍。

最后，城乡一体化的社会保障体制仍不健全。近年来，农村剩余劳动力向城市特别是大城市转移的步伐加快，并且出现了很多没有务农经历的新生代农民工。但这一群体在享受住房保障、医疗卫生、随迁子女教育等公共服务方面仍与户籍制度紧密挂钩，与城市居民相比，进城务工人员不得不更多地背负起养老、医疗、社保等自我保障的压力，使得其消费倾向和意愿趋于弱化。

（六）消费新增长点的形成和发展缺乏有效的分类指导政策

由于当前我国居民收入差距依然较大，加上人口年龄结构变化、受教育程度差异等因素影响，城乡居民消费呈现出多层次、多样化的发展趋势。这种新的发展趋势及要求，对传统的以扩大消费为目的的政策设计构成一定挑战。

一方面，现有消费政策还无法有效适应消费新增长点形成和发展的要求。以家电消费为例，受2008年国际金融危机时期家电行业出口受阻等因素的影响，我国采取了以农村家电消费补贴为主的消费刺激政策，短期内确实对促进农村家庭的家电消费、保持行业稳定增长产生了积极影响。但这样的消费政策较少考虑家电消费升级，较少涉及给予家电企业加快产品创新、技术创新的必要支持，使得我国家电行业在新一代显示技术、节能技术、智能技术等方面没有形成领先的竞争优势，不利于为当前乃至未来更长时期的家电消费升级提供支撑。

另一方面，缺乏有针对性的消费支持政策和相关结构调整政策。以老年消费群体为例，目前我国的"银发消费"市场还处于发展初期，与发达国家相比，在吃、穿、用、住、行等相关消费领域，还没有形成有针对性的服务体系。例如，食品开发生产、养老服务等还难以满足老年人的多样化需求。另外，由于老年人经济来源较为单一，加之思维能力和自我照料能力也不断衰减，还需要国家从养老金融、消费者权益保护等方面给予特别扶助。

总之，针对现阶段我国消费发展及结构升级趋势，迫切需要加快形成针对不同类型消费群体、不同消费新增长点的消费政策，以此引导和扩大消费需求，更好地发挥消费对经济增长的基础性作用。

四、新时期培育消费新增长点的思路与政策建议

根据当前我国经济发展以及消费发展日益多层次、多样化、多元化的发展趋势，结合不同消费新增长点的主要特点及其形成和发展面临的主要问题，未来我国在培育消费新增长点方面，应以党的十八届三中全会《中共中央关于全面深化改革若干重大问题的决定》，以及中央农村工作会议和中央城镇化工作会议精神为指导，通过全面深化重点领域和关键环节的改革，加快政策调整与创新，采取分类指导、调整供给、完善设施、改善环境、合理扶持等政策措施，解决当前消费新增长点形成和发展过程中存在的问题与障碍，积极培育和促进消费新增长点加快形成，以消费新增长点的发展带动消费结构升级和消费水平提升，为国民经济持续稳定健康发展提供新动力。

（一）加快分类指导，多渠道培育消费新增长点

根据当前我国消费结构升级及消费新增长点日趋多层次、多样化发展趋势，应对城乡居民消费要求迫切、未来消费潜力大的重点领域，有针对性地制定促进消费新增长点形成和发展的相关政策。

一是从主要消费新增长点出发，制定有针对性的促进政策。在国务院已出台的关于信息消费、旅游消费等指导意见和相关政策的

基础上，在绿色消费、居民家庭服务消费、教育消费等方面加快制定相关促进政策。

二是结合不同消费群体的消费需求，如结合收入结构、人口年龄结构等因素，制定差别化的消费政策。例如，针对低收入群体的消费支持政策，针对老年群体的消费支持政策等。

三是结合不同地域消费水平差异和要求加强消费引导。例如，大型城市群及中心城市具有较强的消费集聚和引领作用，应在培育消费新增长点方面给予合理的引导，并在消费模式的先行先试方面加以鼓励和支持。

（二）以市场为导向，加快调整和完善消费供给体系

一是鼓励社会资本进入消费新增长点的相关产业领域，着重增加和改善供给。坚持“非禁即入”原则，积极鼓励社会资本进入消费新增长点的生产和服务领域，合理降低在教育、通信、医疗、金融保险等服务业的准入门槛，继续推动垄断性服务行业体制改革。

二是加快新技术、新产品的商业化应用和推广。借鉴国际经验，综合应用金融、税收、补贴、政府采购等多种政策手段，支持新技术、新产品的加快应用和商业推广，尽快形成生产和市场供给能力。

三是鼓励创新。一方面针对关键性、全局性、引领性技术创新，制定和实施国家战略规划。针对信息通信技术、新能源技术、生物技术等关键技术创新，制定和实施国家战略，并制定相应的人才、金融、技术、产业化等重要的配套支撑体系。另一方面，加快相关法律法规和标准体系建设，加强知识产权保护。

四是促进企业按照消费发展要求加快产品结构调整和产能调整。

五是重点促进面向居民消费升级的服务业发展。

（三）加大投入，着力提升和完善消费基础设施建设

一是继续加强交通、能源、电信、水、电、气等方面的基础设施建设，特别是全面推进“三网融合”相关技术发展及应用，加快宽带网络升级改造，统筹提高城乡宽带网络普及水平和接入能力，提高城市综合承载能力，进一步优化流动人口的消费环境。

二是健全现代商品流通和物流服务体系建设，特别是在新兴城市和地区，应进一步加强现代商业设施建设，积极推动全国商品流通骨干网络建设和城市物流配送体系建设。引导与鼓励企业开展第三方物流服务平台建设，逐步建立面向网上商户的社会化、专业化的物流配送机构，形成覆盖各行业的物流配送网络体系，提高相应能力和配送效率。

三是增加投资力度，在提高全社会基础设施建设整体水平的基础上，加大对广大西部地区和农村地区基础设施的投入，特别是信息基础设施方面的投入，缩小城乡居民间基础设施的不平衡性。

（四）改善消费秩序，强化消费市场监管

营造竞争有序、成熟稳健的市场环境，强化公平竞争机制，防止消费市场上的垄断行为，为消费者提供更多的市场选择。

规范消费市场的价格形成机制，提高定价透明度，合理运用价格杠杆促进消费。

加强对新型消费领域标准建设，特别是针对新产品、新服务的标准化建设，包括安全标准、技术标准、服务标准等方面，以更好地引导技术创新、商业模式创新及相关产品的市场化、产业化。

加快制定和完善相关标准，确保绿色有机食品认证的规范性、真实性和有效性。同时，加强行业监管，重点放在产品质量、规范用标和查处假冒伪劣上，维护好品牌信誉。

加强消费领域的诚信体系建设，特别是在信息消费等新型消费领域，要运用互联网加快建立诚信体系，以此加强社会对消费市场的监督和消费者保护。

（五）加强消费立法，确保消费者合法权益

进一步加强消费者保护立法。特别是在信息消费、金融消费、医疗健康消费等新型消费领域以及新技术、新产品方面的消费者保护立法。对于有不确定性或不成熟的产品或服务，政府要在持中立态度和把握趋势的前提下，加强对消费者安全和权益的保护。通过加强消费者立法，保障消费者以及市场主体的合法权益，从而激发消费供给的积极性和保障消费者的合法权益，促进消费有序实现和增长。

加强新型消费市场规范。例如，在信息消费及网络购物方面，一方面应加强对网络信息发布和传递行为及方式的规范，提高各类商务信息的合法性、安全性、真实性、完整性、时效性和便捷性。另一方面应加强对电子商务的交易、支付、物流等服务行为的立法规范，防范和化解新型消费领域的各类交易和服务纠纷。

加强消费者教育和信息服务。针对消费新增长点的形成和发展，政府及相关消费者组织应加强消费者教育，通过公共信息平台、媒

体宣传，传播正确的消费与服务信息，提供必要的消费咨询。

（六）构建和探索培育消费新增长点的政策体系

一是合理运用相关税收政策，包括消费税、环境税、燃油税、碳税等，以税收杠杆引导研发资源和消费资源向消费新增长领域聚集。

二是建立和改善消费补贴的长效机制，一方面通过创新补贴方向和机制、合理运用公共资源鼓励新产品消费，支持符合技术发展趋势和消费升级要求的新产品和新服务消费。另一方面建立必要的消费救济制度，对城市残疾人员、贫困人口、老年人以及偏远农村人口购买符合国家消费政策的产品和服务进行补贴，以提升他们的消费能力。

三是加强金融创新，特别是网络支付、消费金融、养老金融等方面的创新，为消费者提升消费能力提高金融支持。

专题报告

专题报告一
改革开放以来我国消费增长的变化特征及其对经济增长的作用

一、改革开放以来我国消费增长的阶段性变化与主要特征

（一）消费总量的变化

1. 消费规模持续扩大，增速滞后于经济增速

改革开放以来，随着收入水平的较快提高，我国城镇居民家庭人均消费性支出由1978年的311.2元增长到2012年的16674.3元，增长了53.6倍；农村居民家庭人均消费性支出由1978年的116.1元增长到2012年的5908元，增长了50.9倍。特别是进入21世纪以后，居民消费规模扩大呈加速趋势。“十五”时期，城镇居民家庭人均消费性支出由2000年的4998.0元增长到2005年的7942.9元，增长1.6倍，年均增长率为9.7%，比“九五”时期提高了2.5个百分点；农村居民家庭人均消费性支出由1670.1元增长到2555.4元，增长了1.5倍，年均增长率为8.9%，比“九五”时期

提高了3.9个百分点；“十一五”时期，城乡居民家庭人均消费性支出扩大了1.7倍，年均增长率分别达到11.2%和11.4%，比“十五”时期分别提高了1.5个百分点和2.5个百分点；“十二五”前两年，城乡居民家庭人均消费性支出分别扩大了1.2倍和1.4倍，年均增长率分别达到11.3%和16.2%。

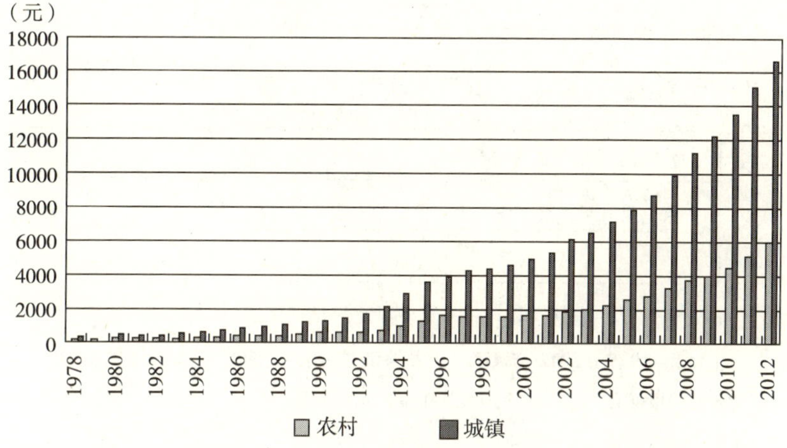

图1.1 1978~2012年城乡居民家庭人均消费性支出的变动

资料来源：根据有关年份的《中国统计年鉴》整理。

然而，1979~2012年，我国消费需求的增速严重滞后于经济增长速度，我国最终消费、居民消费年均实际增长率分别为9.3%和9.0%，低于GDP增长率0.7个百分点和1.0个百分点。特别是进入2000年以后，消费需求增长率与整个经济增长率的差距趋于扩大。“十五”时期，最终消费年均递增8.6%，而居民消费的年均实际增速为8.3%，分别比GDP增长率低3.6个百分点和3.9个百分点。“十一五”时期，最终消费、居民消费的年均增速分别上升至11.1%和10.8%，但与同期GDP增长率相比，仍然偏低2.1个百分点和2.4个百分点。2008年以后，我国消费需求的增速和经济增长速度的差别逐渐减小，尤其是经济增长速度的放缓使得我国消费需求的增速与之趋同，2008～2012 年期间，我国最终消费、居民消费年均实际增长率均为11%，而该时期的 GDP 增长率为11.1%，差别已然不大。

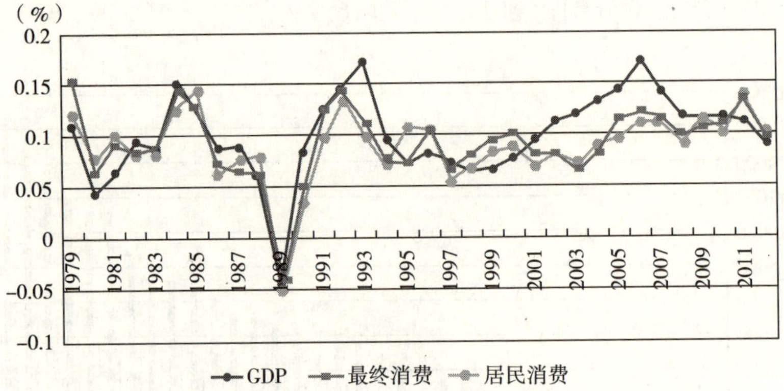

图 1.2　1979～2012 年 GDP、最终消费及居民消费实际增速的变动

资料来源：根据有关年份《中国统计年鉴》数据整理。

2. 居民消费倾向不断下降

改革开放以来，我国居民消费支出随着人均收入的提高而不断增长，但两者间的增幅差趋于扩大，导致平均消费倾向和边际消费倾向一直趋于下降。城镇的平均消费倾向由 1978 年的0.91 下降到2012 年的0.68，下降了25 个百分点，同期农村的平均消费倾向由0.87 下降到0.75，下降了 14 个百分点。平均消费倾向下降表明，居民消费与现期收入的关系相对弱化，居民收入中用于储蓄的份额在增加，而消费份额在减少。居民的边际消费倾向变化特征进一步论证了这一结论。1981 ～1993 年间，我国居民消费边际倾向由65%上升到80%左右，1993 年发生了转折，居民消费倾向持续下降，从80%下降到60%以下，并维持在这一状态①。

3. 消费率总体呈下降趋势

改革开放以来，我国最终消费率的变动表现出明显的阶段性特征，但总体上看，最终消费率在小幅波动中呈持续下降趋势，投资与消费的失衡不断加大。具体来看：①1978~1981年，消费率小幅升高，由62.1%升至67.1%；②1981~1995年，消费率逐步下降，由67.1%降至58.1%，年均降幅为0.6个百分点；③1995~2000年，消费率略有回升，由58.1%升至62.3%；④2000~2010年，消费率急速下滑，由62.3%快速下降到48.2%，达到改革开放以来的最低点；⑤2011年以来，消费率略有回升，达到49.5%。

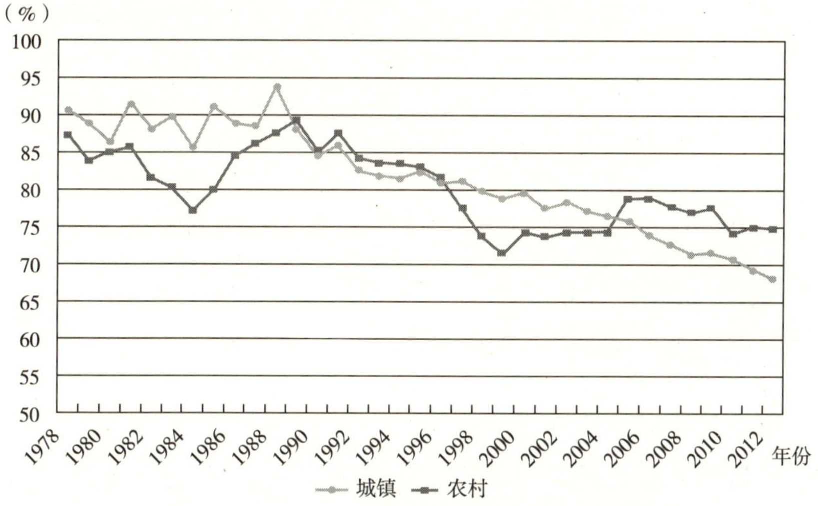

图1.3 1978~2012年我国城乡居民平均消费倾向

资料来源：根据有关年份《中国统计年鉴》数据整理。

① 黄赜琳、傅冬绵："居民消费演变特征事实及其对经济增长的影响"，《上海财经大学学报》，2012年4月第14卷第2期，第90~97页。

在居民消费中，1978 年以来城镇居民消费率呈微小的波动变化，但 2000 年以后总体呈下降趋势，相比之下，农村居民消费总体下降趋势更加明显，2010 年农村居民消费率下降到 7.8%，是 1978 年以来的历史最低水平。

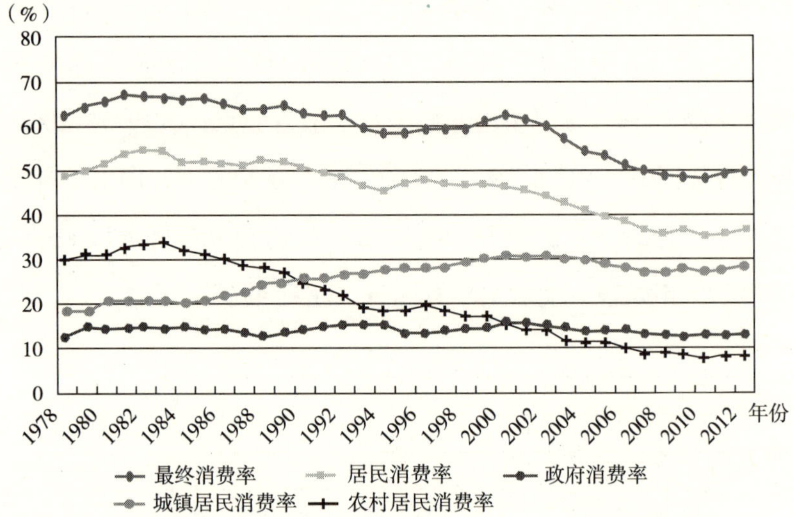

图 1.4　1978～2012 年我国最终消费率、居民及政府消费率的变动

资料来源：根据有关年份《中国统计年鉴》数据整理。

4. 不同收入阶层的消费差距有所拉大

改革开放以来，城乡居民不同收入阶层的消费差距呈扩大趋势。从城镇来看，1985～2012 年，最低收入户人均消费性支出由 455.6 元增长到 7301.4 元，而最高收入户人均消费性支出由 1162.9 元增长到 37661.7 元，两者间的消费差距由 1985 年的 2.5 倍上升到 2005 年最高的 6.2 倍，近年来有所下降，但也维持在 5.2～5.5 倍的高位。从农村来看，1990～2012 年，最低收入户人均消费性支出由332.0元增长到3742.3元，而最高收入户人均消费性支出由1018.0元增长到10275.3元，两者间的消费差距介于2.7~3.2倍之间。

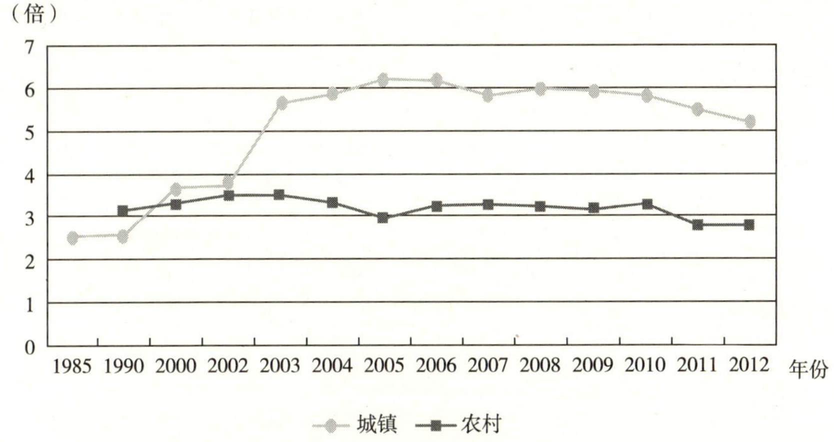

图1.5　1985~2012年城乡居民家庭最高、最低收入户消费差距变动

资料来源：根据有关年份《中国统计年鉴》数据整理。

5. 城乡和区域间消费差距不断扩大的趋势有所缓解

首先，城乡消费差距扩大的趋势得到初步遏制。我国二元经济结构使城乡存在较大差距，其中也包括城乡居民消费差距。改革中期，由于传统农业生产率低，农产品价格水平低，城乡收入差距扩大，使城乡消费倍率逐步扩大，到2003年达到3.4倍的历史最高水平。此后，随着完善农村经济体制以及一系列支农、惠农政策的相继出台，农民收入明显提高，消费能力逐步增强，2012年城乡居民消费倍率为2.8倍，比2003年缩小了0.6倍。

其次，区域间消费差距不断扩大的趋势有所缓解。由于东南沿海地区改革开放早、经济发展较快，我国区域间居民消费水平存在着较大的地区差距，表现为东高西低的态势。随着“西部大开发”、

“振兴东北老工业基地”以及“中部崛起”等促进区域协调发展战略的实施，中西部地区居民收入逐步提高，消费能力有所增强。2008年，东部人均社会消费品零售总额分别是中部、西部和东北地区的2.0倍、2.4倍和1.3倍[①]，近几年区域间消费差距不断扩大的趋势有所缓解。

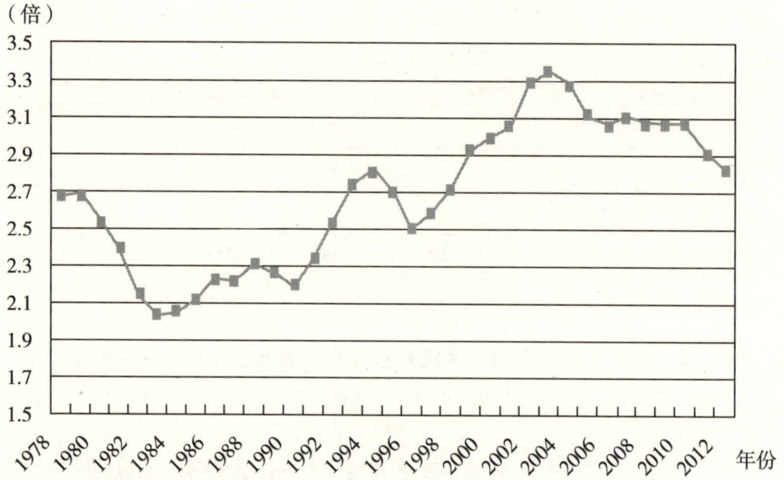

图1.6 1980～2012年我国城乡居民消费支出对比倍率

资料来源：根据有关年份《中国统计年鉴》数据整理。

（二）消费结构的变化

1. 城乡居民家庭恩格尔系数显著下降

恩格尔系数是食品开支在消费总支出中的比例，用于衡量居民消费支出结构的变化。改革开放以来，我国无论是城镇居民还是农村居民，恩格尔系数都在不断降低。1978年，城乡居民的恩格尔系

---

① 任兴洲等：《扩大消费需求：任务、机制与政策》，中国发展出版社2010年版。

数分别为 57.5% 和 67.7%，全国居民处于解决温饱问题的阶段，到 1991 年城乡居民的恩格尔系数下降到 53.8% 和 57.6%，基本达到了温饱水平。改革开放初期的 12 年时间，人民生活水平有了一定的提高，但提高幅度较小。从 20 世纪 90 年代开始，我国经济飞速发展，人民的生活水平发生了翻天覆地的变化，1990 ~2012 年，我国城乡居民的恩格尔系数呈现快速、大幅下降的趋势，城镇居民的恩格尔系数从 54.3% 下降到 36.2%，经过 22 年的发展下降了 18.1%；同时，农村居民的恩格尔系数从 58.8% 下降到 39.3%，下降了 19.5%。与城镇相比，农村居民的恩格尔系数仍然较高，居民消费结构有待调整的空间较大。联合国粮农组织（FAO）将恩格尔系数作为评价贫富国家生活水平的标准。恩格尔系数在 60% 以上为绝对贫困型，50% ~60% 为温饱型，40% ~50% 为小康型，30% ~

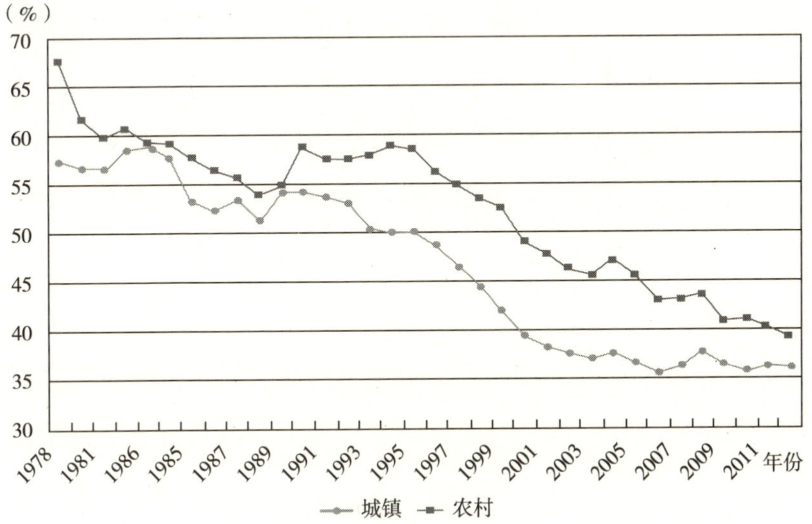

图 1.7　1978 ~2012 年我国城乡居民的恩格尔系数变化

资料来源：根据有关年份《中国统计年鉴》数据整理。

40%为富裕型，30%以下为极富型[①]。按照这一标准，中国城镇居民在1996年就从温饱水平迈入小康水平了，到2000年城镇居民的生活水平已达到富裕型。而农村居民的生活水平到2000年才由温饱型迈进小康型。

2. 改革开放以来我国城乡居民消费结构的特征分析

通过以上的分析可知，改革开放给我国城乡居民的生活水平带来了翻天覆地的改观。其中，城镇居民的生活水平由改革开放前的基本满足温饱向富裕型迈进，农村居民生活水平则由改革开放前的贫困状态跃进了小康。城乡居民生活水平、收入水平的提高，带来消费水平的提高、消费结构的升级。本文接下来将对改革开放以来我国城乡居民消费结构演变的特征进行分析。

①食品支出比重逐年下降，消费结构不断完善升级。改革开放以来，随着收入水平的提高，城乡居民的食品消费支出比重不断下降，城镇居民的由1981年的56.7%下降到2012年的36.2%，农村居民的由1981年的59.8%下降到2012年的40.4%。城乡居民食品消费支出比重的下降，一方面反映了居民生活水平的提高，另一方面给居民的其他消费支出项目——医疗保健、教育娱乐服务、交通通信等带来增长的空间。

②家庭设备及服务、衣着消费趋于饱和。城镇居民的家庭设备及服务支出比重在经历一段波折的下降期后，开始保持微弱的增长趋势；而农村居民的则是在一段的增长期后，开始下降，之后保持

① 李小美："改革开放以来我国居民消费结构的演变分析"，广东商学院学位论文，2012年，http://cdmd.cnki.com.cn/Article/CDMD-10592-1012032484.htm。

微弱的增长趋势。可见，城乡居民的家庭设备及服务趋于饱和，增长趋势微弱。城乡居民的衣着消费支出比重在经历一段时期的波折下降后，从1999年开始基本保持一个平稳的态势，城镇居民的衣着消费支出比重保持在10%左右，农村居民的保持在6%左右，可见城乡居民的衣着消费基本饱和。

③医疗保健、交通通信消费支出大幅上涨，医疗保健越来越受到重视，交通通信带来的便利越来越受到人们的青睐。城镇居民的医疗保健由1981年的0.9%快速增长到2012年的6.4%，农村居民的则由1978年的2.2%快速增长到2012年的8.4%。城镇居民交通通信的支出比重由1981年的1.44%上升到2012年的14.7%，农村居民的由1978年的0.31%上升到2012年的10.5%。生活水平的提高、收入的增加，使得人们有多余的消费能力做医疗保健，去购买汽车、手机、电脑等交通通信设备。上述的分析，反映了居民生活水平、消费水平在大幅提高，消费结构向多元化、高级化发展。

④教育娱乐文化服务支出先增后稳，人民精神生活不断丰富。城镇居民的教育娱乐文化服务支出比重由1978年的8.4%增长到2005年的12.2%，随后又略微下降，近些年保持在12%左右；农村居民的由1978年的5.29%增长到2005年的11.6%，而后又逐年下降，到2012年时为7.6%。以上数据表明，收入水平的提高，使得城乡居民在满足物质生活需求后，能够追求精神生活的满足。生活水平的提高，使得人们不再仅仅追求于对吃、穿、住的满足，而是追求精神生活的满足，重视个人的继续发展、个人情趣的陶冶、子女的教育，但是，近些年文教娱乐支出的稳中有降也表明了这部

分的消费需求也在趋近饱和。

⑤居住条件不断改善，消费支出不断增加。居住环境是人们最基本的生活消费场所，是基本的消费资料。在人们的基本温饱需求得到满足后，首先追求的必是居住环境的改善。城镇居民的居住支出比重由 1978 年的 4.7% 增长到 2009 年的 10%，随后略微下降，2012 年达到 8.9%；农村居民的由 1978 年的 16.6% 增长到 2009 年的 20.2%，随后也有下降的趋势，2011 年达到 18.4%。以上数据反映了城乡居民对居住环境的追求，城乡居民的居住水平、质量不断提高。

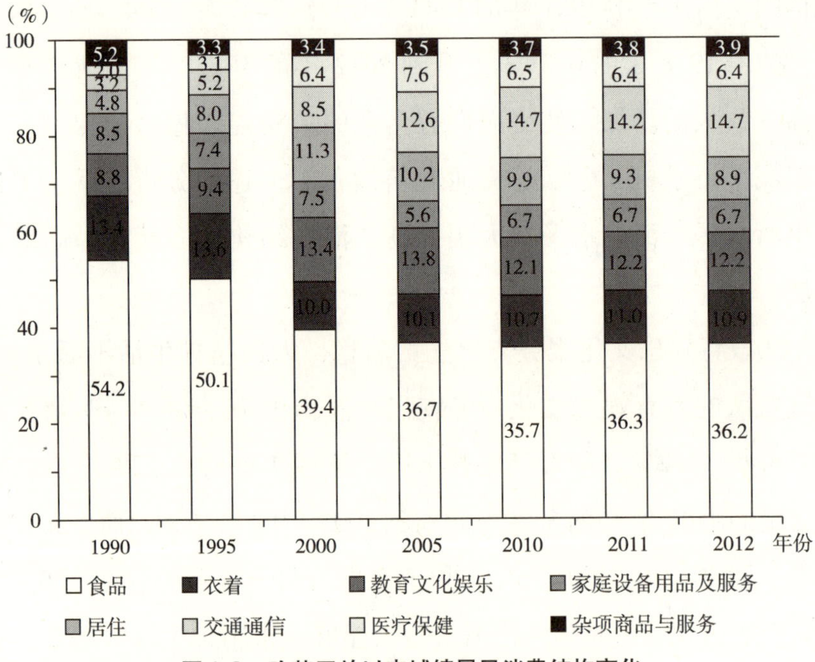

图 1.8　改革开放以来城镇居民消费结构变化

资料来源：根据有关年份《中国统计年鉴》数据整理。

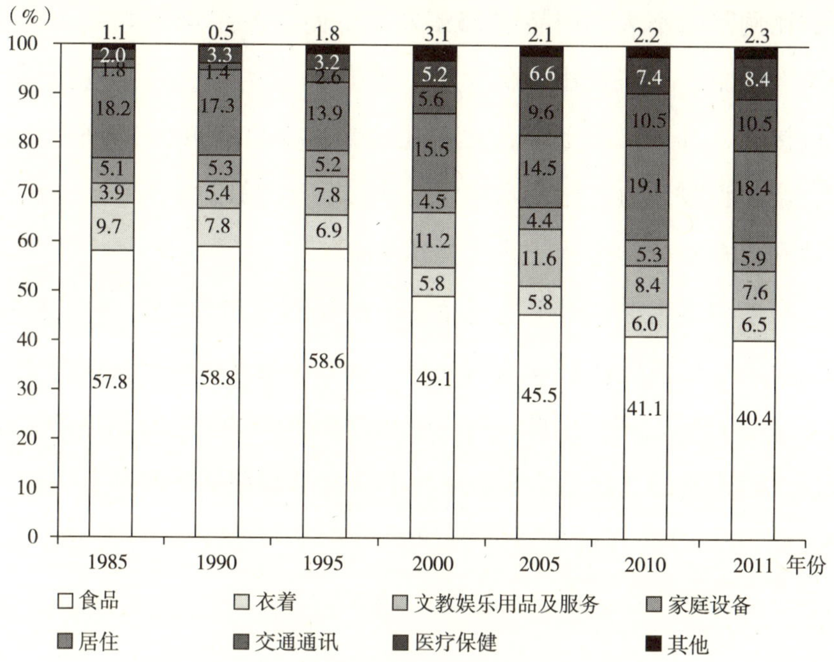

图 1.9　改革开放以来农村居民消费结构变化

资料来源：根据有关年份《中国统计年鉴》数据整理。

总体而言，随着收入水平的提高、生活水平的改善，我国城乡居民的消费需求已不仅是追求基本的温饱，而是在向更高的消费层次发展，居民消费需求由基本的物质生活需求进入劳务消费需求，对娱乐、教育、文化、医疗等劳务消费有了更多的需求，居民的消费结构也在不断地优化、升级。

3. 产品、服务消费支出的国际比较

作为一种对比，我们计算了美国居民消费结构在 1970 年以后的变化。在美国产品和服务的大分类结构变化中，产品所占比例显著下降，服务支出所占比例大幅度上升。1970 年之前，产品和服务所占比例差异不大，产品占55%左右，而服务占45%左右，但是1970年之后，服务支出比例大增，到1990年左右，产品支出所占比例接近30%，而服务所占比例几乎为总支出的70%，1990年之后，产品和服务的占比基本稳定下来，直到2012年，产品支出占比达到30%，而服务支出占比高达70%。

在产品支出中，耐用消费品支出的比例没有非常显著的变化，虽然个别年份下降到11%左右，但大部分年份基本保持在占总支出的12%～13%之间，因此，产品支出比例下降主要是非耐用消费品支出下降带来的。比如，非耐用品中的食品和服装支出在总支出中的比例，从1985年的占接近20.8%，下降到2008年的占16.4%，纯粹食品饮料支出只占总支出的12.8%。

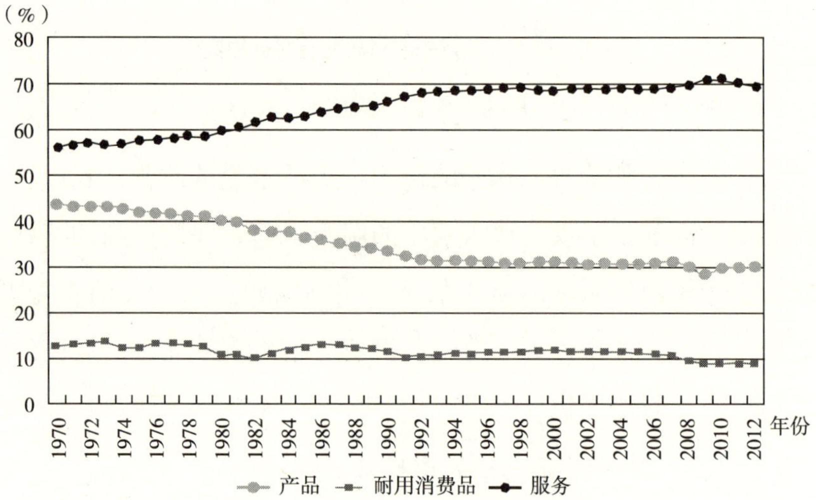

图1.10 美国居民消费支出结构

资料来源：OECD数据库。

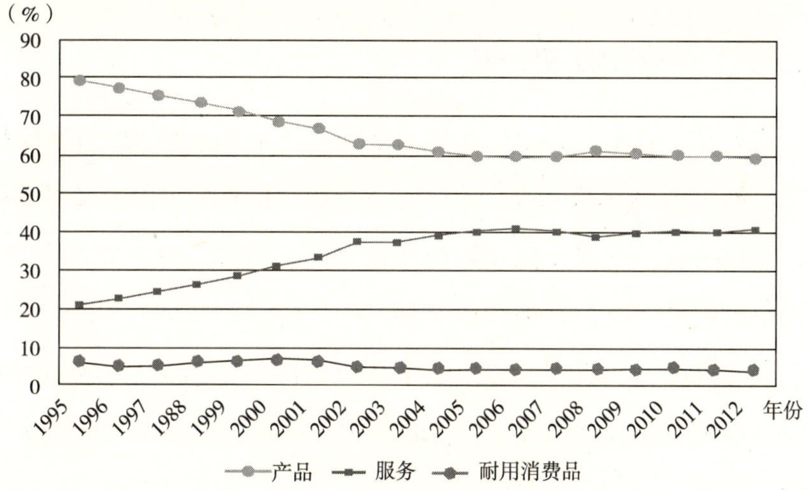

图 1.11 中国城镇居民家庭消费支出结构

资料来源：根据有关年份《中国统计年鉴》数据整理。

中国城镇居民家庭的消费支出结构也发生了巨大变化，产品消费支出占总消费支出的比例显著下降。1995 ~2012 年，产品消费支出比例从占 79.3% 下降到 59.3%，服务消费支出从占 20.1%，提高到占 40.8%。产品支出下降的基本趋势与美国家庭消费支出结构变化趋势类似，但是绝对比例水平差异巨大，中国城镇居民家庭消费支出中的服务支出比例在 2005 年以后才达到 40%，但是仍然小于美国居民家庭 1970 年的水平（56.5%）。中国城镇居民的耐用品消费支出比例保持稳定，但是所占比例在 4% ~5% 之间，小于美国居民家庭耐用品消费支出比例（12% ~13%）。非耐用品消费所占比例下降，不过仍然处于较高水平。2008 年，中国城镇居民家庭食品和衣着支出占总支出的比例（47%）大大高于美国居民家庭 1985 年的水平（20.8%）。

（三）消费品质的升级

改革开放以来，就全国平均水平而言，居民家庭用于非耐用品的支出绝对数额不断增加，但是，它在支出中所占的比重不断下降，耐用消费品的支出则是数额和比重同时增加，并且在消费升级过程中耐用消费品的种类和质量都发生了持续的变动。1978 年以来居民消费升级大致表现为以下三个阶段，即温饱消费为主题的升级阶段、以家电消费为主题的升级阶段、以住行消费为主题的升级阶段。

1. 以温饱消费为主题的升级阶段

温饱消费升级过程在城乡同时展开，在 1978 ~ 1985 年间伴随着居民收入水平不断提高，我国居民消费的重点是满足基本生活需求，解决温饱问题，食品和衣着消费占到居民消费总支出的 70% 左右。这期间全国人均食物消费量上升幅度很大，到 1985 年全国人均粮食、食用油、鲜蛋、猪肉和食糖等副食品消费量分别为 1978 年的 1.3 倍、2.9 倍、2 倍、1.7 倍和 1.4 倍，食物消费结构和质量获得了极大地改善，同期全国居民人均各种布料的消费也增长了 1.4 倍[①]，但是，居民收入的快速增长仍然使吃和穿的支出在总支出中所占的比重不断下降，到 1985 年城乡居民的恩格尔系数分别下降为 53.3% 和 57.8%。

从家庭耐用消费品的消费来看，人们追求的是俗称“老三件”

① 本节数据如无特殊说明，均来源于臧旭恒等，《转型时期消费需求升级与产业发展研究》，经济科学出版社 2012 年版。

的自行车、手表和缝纫机，其消费额基本上是100元左右，到1985年，平均每百户农村居民拥有自行车80.6辆、手表126.3块，缝纫机43.2架，分别是1978年的2.6倍、4.6倍和2.2倍。“老三件”在城镇居民中的普及速度更快，到1985年平均每百户城镇居民拥有自行车152.3辆、缝纫机70.8架。从全国平均水平来看，“老三件”的平均每百人消费量在1985年分别是1978年的3.5倍、4.1倍和2.3倍，“老三件”快速进入居民家庭提高了居民的生活质量，带动中国居民整体消费水平的大幅提高。

2. 以家电消费为主题的升级阶段

20世纪80年代中期以后，作为“老三件”的自行车、手表和缝纫机在城乡居民家庭中基本普及，我国居民又开始了以家电消费为主题的升级阶段，彩色电视机、电冰箱、洗衣机这“新三件”成为人们生活追求的目标，在居民收入不断提高的前提下，形成了以家用电器普及为特征的耐用消费品热潮。

1985年，城镇居民家庭平均每百户拥有彩电17.2台、电冰箱6.6台、洗衣机48.3台，到1990年，每百户居民彩电拥有量增加到59台，电冰箱增加到42.3台，洗衣机增加到78.4台，1990年与1985年相比，城镇居民每百户家庭彩电、电冰箱、洗衣机拥有量分别提高了243.3个、543.3个和62个百分点。进入20世纪90年代后，城镇居民家用电器消费增长速度开始下降，家用电器拥有量到2000年已经接近饱和，彩电、电冰箱和洗衣机每百户拥有量分别为116.6台、80.1台和90.5台。与城镇居民相比，农村居民在90年代以前“新三件”耐用消费品的普及率相对较低，进入90

年代以后才呈现出迅猛增长的势头，“三大件”的年均增长率为26.3%、26.1%和12.1%，2000年以后仍然快速增加，远远地高于城镇居民的增长率。经过多年的快速增长，2007年，农村居民每百户彩电拥有量增长到94.4台，接近于饱和；电冰箱和洗衣机的拥有量相对于城市居民而言仍然很低，每百户拥有量分别为26.1台和45.9台，与城市居民有较大差距，仍然有很大增长空间。

从家电消费来看，农村居民大概要落后城镇居民10年左右，原因是一方面农村居民收入增长相对较慢，另一方面也是农村基础设施落后所致。分析这个时段消费升级的特点可以看出，在这个阶段城乡居民耐用家电消费品迅速普及，但是农村居民家电产品的普及速度相对较低，在家电消费方面形成了明显的城乡差异。

3. 以住行消费为主题的升级阶段

在家电消费升级不断进行的同时住行消费升级逐渐展开，在家庭耐用消费品普及以后，人们把拥有住房和汽车作为生活的目标，教育、医疗、住宅、汽车、信息通信等高层次消费成为热点，衣食消费支出比重持续快速下降，城镇居民家用电器等生活必需品消费支出的增速相对于农村居民明显放慢，而文化娱乐、居住以及交通通信在消费总支出中的比重不断提升。2006年，城乡居民消费支出中衣着和食物支出比重较2000年分别下降了3.3个和5.9个百分点；2000~2012年城镇居民家庭百户彩电、电冰箱、洗衣机拥有量年均增长率进一步放慢至1.6%、1.9%和0.5%；而到2012年，城镇居民家庭百户家用电脑、手机、汽车拥有量分别达到87.03台、212.6部和21.5辆，与2000年相比，分别增长了8.9倍、10.9倍和43.1倍。尽管农村居民消费水平明显低于城镇居民、消费结构升级滞后于城镇居民，但农村居民家用电脑、手机、摩托车消费也呈快速增长的趋势，2012年农村居民家庭百户家用电脑、手机、摩托车拥有量分别为21.4台、197.8部和62辆，与2000年相比，分别增长了42.7倍、45.8倍和2.8倍①。

从发达国家的发展经验来看，当一个国家人均GDP达到1000美元时，汽车开始进入家庭，人均GDP达到3000美元~10000美元时汽车消费快速增长。我国人均GDP在2003年突破1000美元，在2007年超过了2000美元，在东部沿海的一些地区人均GDP已经接近或超过3000美元，汽车消费已经出现了较快增长，私人购车已占汽车销量的60%以上。2012年，我国私人汽车拥有量达到8838.6万辆，自2000年以来保持着年均增长24.2%的增长速度，并且还有不断增长的趋势。随着居民收入的增加和汽车价格的下降，汽车将更多地进入家庭，汽车的普及率也会进一步提高。

在住房消费方面，根据世界银行研究，当一个国家人均GDP处于1000美元~4000美元时，房地产业会进入高速增长期，而我国正好处于该时期。自2000年以来，我国人均住房面积不断增长，到2012年，全国城镇人均住宅建筑面积达32.91平方米，农村人均住宅建筑面积37.1平方米。在人均住宅面积方面，农村居民要高于城镇居民，农村居民居住条件的改善自改革后不断进行，而城镇居民人均住房面积自20世纪90年代才开始快速增长，到2007年，从人均住房面积上看城乡居民的差距明显减小。到2012年，

① 数据来自于WIND资讯，http：//www.wind.com.cn/。

我国商品房销售面积 11.1 亿平方米，商品房销售额 6.5 万亿元，比 2000 年分别增长了 6.6 倍和 18 倍①。随着我国居民收入水平提高、城市化进程加快以及居住条件的改善，居民的住房消费仍然会保持较快的增长速度。

（四）消费观念与消费行为的变化

随着社会进步和新一代消费者的成长，居民消费行为发生了较大的变化。

一是消费观念不断更新。收入水平较大提高使省吃俭用的传统理念发生变化，尤其是“80 后”“90 后”新生代已步入社会，逐渐成为消费市场的主力。他们追求个性、时尚，倾向于超前消费。至 2012 年底，全国消费贷款余额达到 9.4 万亿元；我国累计发行银行卡达到 39.7 亿张，发行信用卡达到 3.8 亿张。银行卡消费的交易量更是持续增长，2008 年，全国人民币银行卡交易总笔数达到 166.7 亿笔，金额为 127.2 万亿元；2012 年，信用卡期末信贷总额 4.35 万亿元②。

二是消费方式发生了较大变化。人们更倾向于快捷、高效、低成本的消费方式。2012 年，我国网络消费总规模接近 2.8 万亿元，网络购物用户人数已经达到 3 亿人③。

三是更加注重品牌与品质，更加个性化。主要表现在消费时更讲究产品或服务的品牌与品质，更讲究消费的时间、方式、地点等。消费方式已经由雷同化、平板型向多样化、梯度型转变。

---

①②③ 数据来自于 WIND 资讯，http：//www.wind.com.cn/。

二、消费增长及结构升级对经济增长的重要作用

（一）对经济增长的贡献

1978年以来，中国经济总量快速增长，经济增长率几乎达到了两位数，按照支出法衡量的国内生产总值构成中，最终消费支出而不是资本形成总额对国内生产总值增长的贡献最大，货物和服务净出口的贡献并不大。在21世纪之前的大多数年份里，最终消费支出对经济增长的贡献率都大于资本形成总额对经济增长的贡献率，只有在个别年份（1984、1993）投资对经济增长的贡献超过了消费对经济增长的贡献。2000年以后，资本形成总额对经济增长的贡献增大，其中，大多数年份中资本形成总额的贡献大于最终消费支出的贡献，2002年之后，资本形成总额和货物及服务净出口对国内生产总值增长的贡献占比超过了50%，占主要地位。2004年之后，资本形成的贡献份额虽然在下降，净出口的贡献却在增大，最终消费支出的贡献并没有非常显著的增大。而2008之后，由于受金融危机影响很大，货物和服务净出口的贡献率大幅降低，相对应的是资本形成总额的贡献率上升，而最终消费支出的贡献率则稳步上升，最终在2011年超过资本形成总额，达到56.5%。

将最终消费、资本形成和净出口对经济增长的贡献率进行两次HP滤波处理，可以得到各自的中长期发展趋势值。总体上看，消费需求对经济增长贡献率的变动趋势呈现出明显的阶段性下降特征。

①1978～1987年，最终消费的贡献率远高于资本形成、净出口的贡献率。最终消费贡献率的中长期发展趋势值保持在60%以上，平均为66.7%，而资本形成贡献率的中长期发展趋势值平均只有32.2%，净出口贡献率的中长期发展趋势值虽然在上升，但平均值仅为1.1%。

②1987～2005年，最终消费的贡献率不断下降，逐步趋近于资本形成的贡献率。最终消费贡献率的中长期发展趋势值由60.3%逐年递减至46.2%，而资本形成贡献率的中长期发展趋势值由32.5%递增至47.5%。另外，这期间净出口贡献率的中长期发展趋势值曾在11%～12%的范围保持过一段时间，随后又降至6.39%。

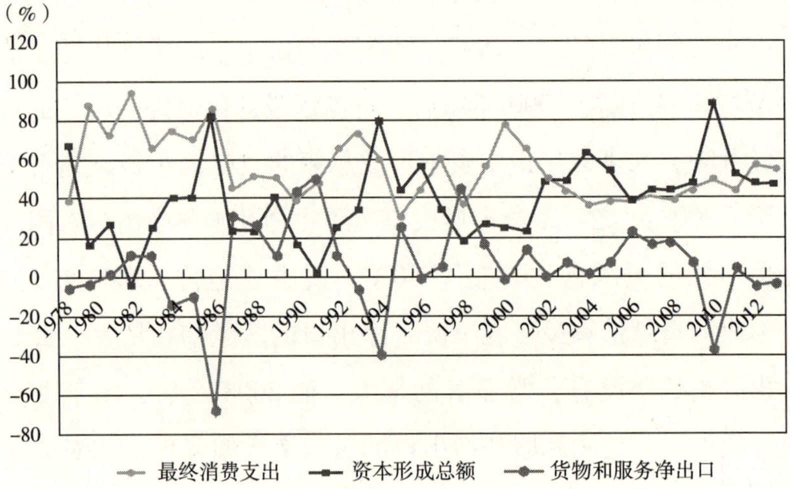

图1.12 三大需求对GDP增长的贡献率

资料来源：根据有关年份《中国统计年鉴》数据整理。

③2005～2012年，最终消费的贡献率基本保持不变，但始终低于资本形成的贡献率。这一时期，最终消费贡献率的中长期发展趋势值保持在46%～48%之间，并伴有小幅上升，2012年达到该期

最大值48.3%。资本形成贡献率的中长期发展趋势值则不断提高，从47.5%升至56.3%。另外，净出口贡献率的中长期发展趋势值则不断降低，由6.4%一路降至－4.6%。

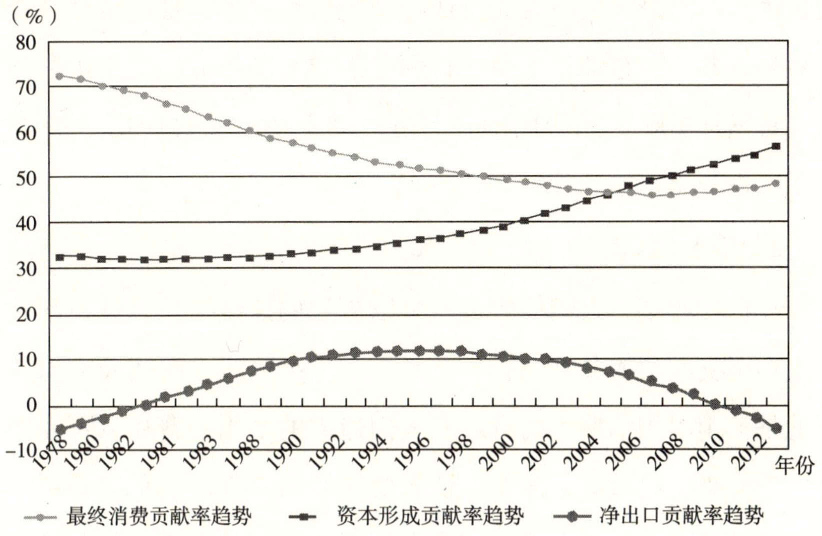

图1.13　1978～2012年三大需求对经济增长贡献率中长期趋势

（二）对产业发展的作用

改革开放以来，居民消费结构的不断升级带动了主导产业的发展与更替，拉动了经济的持续增长。

1. 1978～1984年

在这一时期，随着人均收入的提高，以及长期受供给制束缚的居民消费力得到释放，居民对日常生活必需品的消费量不断增加，形成了对轻工消费品的巨大需求，成为轻工业发展的主要动力，价格处于百元消费级的手表、自行车、缝纫机，也就是俗称的“老三件”，成为时尚的追求。在这个阶段，我国轻工业获得了飞速发展，其占工业总产值的比重从 1978 年的 43.1% 上升到 1985 年的 47.1%。根据投入产出表的计算，1987 年，在非农产业中，居民消费拉动总产出最高的前五大行业分别是棉纺织业、日用机械制造业和对外贸易业、粮油加工业、日用电子器具制造业、日用机械制造业。每增加 100 亿元居民消费，可拉动上述行业总产出增加 35.9 亿元，占当年总拉动额的 33.5%①。

2. 1985 ~2000 年

在这一时期，人们的收入水平以更快的速度增长，城镇和农村的人均可支配收入分别增长了 7.5 倍和 4.7 倍。这期间最突出的特点就是家用耐用消费品的升级，人们追求的耐用消费品从百元级上升到千元级，以彩电、冰箱、洗衣机这“新三件”为代表。由于家庭耐用品的普及，城乡居民家庭人均用于家庭设备用品及服务的支出也在不断增加，尤其是城镇居民的增长速度更快，相比而言农村居民用于耐用品的支出变动则较为平缓。即使如此，还是极大地促进了相关产业的发展，1985 ~ 2000 年间，我国工业总产值由 9716.5 亿元上升到 85673.7 亿元，其中，轻工业由 1985 年的 4575 亿元上升到 2000 年的 34094.5 亿元，增长率为年均 14.3%②。产业结构中的重工业和农业、轻工业的矛盾进一步缓解，重工业从长期的自我循环中摆脱出来，转向为农业和消费品工业服务。更为重要的是，居民消费需求总量的扩张和结构升级，直接诱发了工业结构

① 任兴洲等：《扩大消费需求：任务、机制与政策》，中国发展出版社 2010 年版。
② 臧旭恒等：《转型时期消费需求升级与产业发展研究》，经济科学出版社 2012 年版。

从传统轻工业向现代轻工业的第一次升级，家电产业、建材产业及为其服务的电子产业、集成电路、微型计算机等工业也都从无到有迅速发展。

3. 2000 年以来

这一时期的主要特点是住房和汽车成为人们新的追求目标，通信成为人们的消费热点。随着居民收入的稳步增长和有关消费刺激措施的出台，住房、汽车和通信成为人们消费的新热点，也极大地刺激了房地产、汽车以及电子通信等相关产业的迅猛发展，同时也掀起了新一轮机电、化工、冶金、建材、交通运输、电力等一大批相关产业的投资热潮，这也必然带动这些产业在整个产业结构中的比重上升。根据投入产出表的计算，2007 年居民消费拉动非农产业总产出最高的前五大行业变为批发零售业、房地产业、其他食品制造业、餐饮业、电力热力的生产和供应业。每增加 100 亿元居民消费，可拉动上述行业总产出增加 69.8 亿元，占当年总拉动额的 37.4%①。

表 1.1　　　　居民消费拉动总产出最高的前五大行业

年　份	1987	1997	2007
行　业	棉纺织业	其他食品制造业	批发零售业
	国内商业和对外贸易业	国内商业和对外贸易业	房地产业
	粮油加工业	粮油加工业	其他食品制造业
	日用电子器具制造业	日用电器制造业	餐饮业
	日用机械制造业	日用金属产品制造业	电力热力的生产和供应业

资料来源：相应年份的《中国投入产出表》。

执笔：曹欣玮

① 任兴洲等：《扩大消费需求：任务、机制与政策》，中国发展出版社 2010 年版。

专题报告二
城市化进程中的消费新增长点

所谓城市化，是指人口向城市聚集、城市规模扩大以及由此引起一系列经济社会变化的过程，其实质是经济结构、社会结构和空间结构的变迁。也就是说，城市化不仅是农业活动逐步向非农业活动转化和产业结构升级的过程，也是农村人口逐步转变为城市人口以及城市文化、生活方式和价值观念向农村扩散的过程，还是各类要素和产业活动向城市聚集以及聚集后的再分散过程[①]。在城市化推进过程中，居民收入水平的提高驱动着消费结构不断升级，由此产生新的消费需求；同时，转移到城市就业和生活的新市民，也会释放出大量消费需求，使潜在消费转化为现实的消费行为。而伴随着技术进步和消费集聚，将会为商品和服务的消费提供更为便利的条件，甚至还会创造出新的商品或服务，激发居民消费的意愿，形成新的消费增长点。

---

① 魏后凯："怎样理解推进城镇化健康发展是结构调整的重要内容"，《人民日报》，2005年1月19日。

一、城市化促进消费、形成消费新增长点的影响机制

城市化与消费增长特别是居民消费增长具有较强的关联效应。研究表明，城市化率每提高1个百分点，城镇居民人均年消费支出将增加2%[①]。同时，如果现有2.5亿农业转移人口与城镇居民消费方式趋同，则国内消费会大大提高。静态测算，全国居民消费将提高18.8%，居民消费占GDP比重将上升6.6个百分点[②]。总体来看，城市化主要通过以下路径，扩大消费需求并形成消费新增长点。

一是城市化可以促进居民收入的增长。无论对于大中城市还是小城镇而言，资金、技术等生产要素的汇集，为制造业和服务业的发展奠定了基础；同时，社会分工的不断深化，有利于提升经济运行效率，促进社会财富增长。这些对于提高居民收入具有直接作用。此外，城市人口规模的增加还将激发对不同服务活动的巨大需求，在提供服务和创造就业的同时，促进城市居民收入水平的提高。

二是城市化能够促进居民消费结构升级。一方面，随着城市人口的增长和城市外延的扩张，在居民收入增长的基础上，其消费结构也会不断升级，消费内容将逐步从商品性消费扩展到服务性消

① 朱敏："发挥好城镇化对消费的拉动作用"，《经济日报》，2013年5月31日。

② 国务院发展研究中心课题组：《中国：推进高效、包容和可持续的城镇化》，2013年。

费，进而形成一批新的消费增长点。另一方面，中高收入群体更加注重生活质量，对文化、旅游、休闲等新兴消费产品或服务的需求将快速增长，同时也会催生出新的消费领域。除此之外，农村人口转为城市新市民后，在基本生活消费之外，也会增大对耐用消费品及相关服务的需求。

三是城市化能够改善居民消费环境和消费条件。城市化水平的提高，有利于达到多样性业态、大型商业设施和服务网点建设的规模临界水平，从而改善本地的消费环境，促进消费增长。同时，以城市群为主体的区域城市体系的发展，也将在区域内部形成消费中心及各具特色的消费市场，促进基础设施、售后服务、金融服务、市场监管等方面的改善。

四是城市化导致社会消费观念和消费行为发生改变。随着城市化水平的不断提高，在更密切的交流和示范效应下，大城市的消费行为和消费观念逐步与国际化都市接轨，中小城市则逐步向大城市靠拢。城市化从多个层面改变着全社会的消费心理和消费行为，并与收入增长和消费环境改善等因素共同推动消费增长，形成消费新增长点。

五是城市化能够提升消费集聚程度。从城市化的发展历程上看，城市化的主线是人口及各种资源不断向城市汇集的过程，并由此带来城市数量增长和规模扩张。消费者对产品、服务的多样性需求以及企业对规模经济效益的追求，使得消费集聚效应不断放大，促进了消费新增长的形成和发展。

二、城市化推进过程中催生的主要消费新增长点

（一）绿色有机食品

随着城市化的不断发展和居民生活水平的提高，城市居民对食品安全与健康越来越关注，绿色、有机食品的消费人群不断扩大。与此相适应，近年来我国绿色有机食品行业保持了较快发展的态势。截至2012年底，全国已认证绿色食品17125个、有机农产品超过7000个，绿色食品的国内销售额达到3178亿元[①]。根据“十二五”规划，到2015年，我国拥有有效使用绿色食品标志的企业将达到7000家，产品总数预计为20000个；有机农产品获证企业约有2000家，产品数量升至11000个[②]。

未来十年，我国绿色有机食品将占据食品行业高端领域，逐渐成为城市居民所追求的新时尚。随着消费需求的增长，我国有望成为继欧盟、美国和日本之后的第四大有机食品消费大国。

（二）进口高档消费品

近年来，我国城市居民的消费重点不断向改善生活质量的方向升级，不仅仅满足于吃、穿、用类商品的消费，更青睐于购买大排

① 中国绿色食品发展中心：《2012年绿色食品统计年报》，http：//www. greenfood. moa. gov. cn/sydw/lssp/zl/tjnb/2012/201305/t20130529_ 3477105. htm。

② 农业部：《农产品质量安全发展“十二五”规划》，http：//www. moa. gov. cn/zwllm/ghjh/201106/t20110616_ 2031099. htm。

量汽车及高档钻石、手表等，由此带动了整个消费品市场的快速发展。

2008 年以来，我国进口的高档消费品呈快速增长势头。其中，小轿车进口额由 2008 年的 63.5 亿美元增长到 2012 年的 195.7 亿美元，2013 年虽有所回落，但也达到了 176.2 亿美元。同时，电视摄像机、数字照相机及视频摄录一体机由 2008 年的 31.8 亿美元持续增长到 2013 年的 133.5 亿美元，年均增长 33.2%；钻石、手表的进口额分别由 2008 年的 30.3 亿美元和 12.1 亿美元增长到 2013 年的 70.3 亿美元和 20.2 亿美元，年均增速为 18.4% 和 10.8%（见图 2.1）。另外，2011 年，我国奢侈品市场年消费额已达到 126 亿美元，所占份额约为 28%，成为全球占有率最大的奢侈品消费国家[①]。

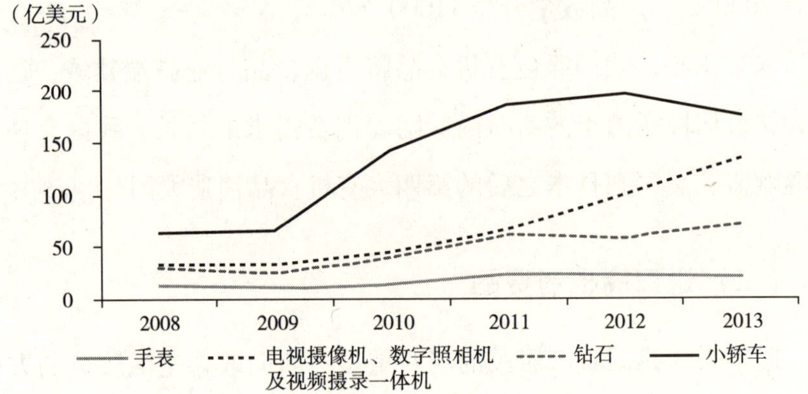

图 2.1　2008～2013 年我国部分高档消费品进口额的增长

资料来源：CEIC 数据库。

① 王劲松等："中国奢侈品年消费总额跃居全球第一"，http：//finance. people. com. cn/GB/70846/16925779. html。

（三）耐用消费品

在城市化快速推进的过程中，我国正面临历史上规模最大的人口流动。根据第六次全国人口普查结果显示，2010 年全国流动人口①超过 2.6 亿，比 2000 年增长 81%，占全国总人口的 19.5%。这一庞大人群的消费观念、消费方式已明显区别于农村居民，越来越接近于城市居民。

由于城市居民的消费示范效应，流入城市的新移民的消费观念、消费偏好以及消费方式不断更新，并根据自身收入状况，逐渐向城市居民靠拢或趋同。以农民工群体为例，据调查，2009 年农民工家庭年人均纯收入平均为 13523.9 元②。其收入水平介于当年城镇居民中等偏下户（11243.6 元）和中等收入户（15399.9 元）之间。

收入作为决定消费最重要的因素，2009～2012 年期间，农民工群体的收入增速基本保持了与城镇中等偏下户、中等收入户的同步。因此，通过分析后两者在消费升级方面的特点，可以大致勾勒出前者消费的增长趋势。具体来看，2009～2012 年，城镇中等偏下户和中等收入户的家用汽车拥有量增幅最大，达到 37.9%；摄像机、助力车、计算机拥有量的增速也都超过了 10%；空调、钢琴、健身器材、移动电话、照相机拥有量的增速则保持在 5% 以上。可

① 这里的流动人口指的是居住地与户口登记地所在的乡镇街道不一致且离开户口登记地半年以上的人口。

② 国务院发展研究中心课题组：《农民工市民化：制度创新与顶层政策设计》，中国发展出版社 2011 年版。

见，上述耐用消费品也是现阶段包括农民工在内的流动人口群体的重要消费增长点。

（四）文化消费

随着城市公共文化设施建设的加快以及逐步向社会免费开放，居民的休闲娱乐活动进一步丰富，文化消费已成为城市居民重要的消费热点。

调查显示，我国居民的文化消费意愿非常强烈，有近70%的居民愿意花更多的钱和更多的时间进行文化消费。在居民的文化消费支出中，最为偏好的十大文化产品分别是报纸杂志、游戏、文化器材、电视、设计、电影、图书、广播、艺术品收藏和娱乐活动。可见，报纸杂志、电视、图书等传统文化产品依然是居民主要偏好的文化产品。不过，近年来，游戏、设计等新兴文化产品也逐渐得到消费者的认可，呈明显上升趋势。但应认识到，当前我国居民文化消费水平整体偏低，人均文化消费水平仅相当于发达国家的1/4，文化消费潜力远没有释放出来。近一半受访者的年文化消费支出低于2000元，超过50%的受访者每天用于文化消费的时间介于1～3小时之间①。

据测算，我国文化消费潜在规模为47026亿元，占居民消费总支出的30%，而目前实际文化消费规模为10388亿元，仅占居民消

---

① 苏丹丹："文化消费缺口巨大　消费能力有待释放"，《中国文化报》，2013年11月27日。

费总支出的6.6%，还存在着36638亿元的文化消费缺口[①]。由此可见，我国潜在文化需求尚未得到有效满足，文化消费有着巨大的发展潜力。

（五）教育培训消费

随着居民生活水平的不断改善以及社会竞争的日趋激烈，人们对知识的需求日益增强，城市居民的教育消费呈较快增长势头。2012年，我国城镇居民家庭人均教育费用支出为819.6元，比2002年增长了65.5%，占全部服务性消费支出的比重上升到18.9%[②]。

具体来看，学前教育、职业能力培训、语言培训以及证书资格考试辅导成为教育培训消费的热点。第一，目前我国学前教育市场规模已超过600亿元，在各细分市场中位居首位。预计未来3~5年，该市场年均增长率约为20%左右。第二，包括IT、金融在内的职业能力培训、证书和资格考试辅导的市场规模已达到400多亿。据统计，目前全国IT行业已有200多种认证，如不考虑各类社会IT认证，每年仅参加教育部、人力资源和社会保障部组织的IT认证考试的人员就有将近500多万。而随着跨国金融机构纷纷进入中国，迫切需要补充一大批跨学科复合型知识结构的金融人才。第三，目前我国语言培训行业的市场规模约为490亿元。其中，以增强就业竞争力为目的而想参加第二外语学习的在校学生和在职人员，以及工

① 中国人民大学文化创意产业研究所："2013年度中国文化消费指数"，http://www.ruccci.com/zhxxw/171.html。

② 国家统计局住户调查办公室：《2013中国住户调查年鉴》，中国统计出版社2013年版。

作中需要使用这些语言的外企员工将是主要的培训对象。

由此可见，为适应未来经济社会发展需要，城市居民包括外来新移民对子女教育的重视程度将继续提高，从而投入更多的财力和精力参与各类教育培训等，教育消费占居民消费支出的比重也将稳中有升。

（六）旅游消费

通常来讲，旅游消费是集食、住、行、游、购、娱于一体的消费活动，具有综合性强、产业链长、关联度高的特点。旅游消费广泛涉及并交叉渗透到29个相关经济部门，直接和间接影响109个细分行业。根据联合国世界旅游组织（UNWTO）的研究，旅游业增加值每提高1个单位，可带动相关产业（观光产业）增加值增长4.3个单位[①]。可见，旅游消费是促进经济发展的重要增长点。

近年来，随着居民收入的不断提高以及高速交通体系的快速发展，我国城市居民外出旅游的热情高涨，旅游消费已成为居民服务性消费的重要组成部分。一方面，国内旅游消费市场呈稳步扩大态势。尽管2008年国际金融危机的爆发使得国内居民消费受到一定影响，但居民旅游消费仍保持了平稳较快增长。2012年，我国国内旅游市场规模达到了29.6亿人次/年，年人均出游2次左右，已成为世界上最大的国内旅游市场。另一方面，2012年，我国境外旅游人数突破8300万人次，境外旅游消费额达到1020亿美元，已超过

---

① 马相东："充分认识发展旅游业多重效应的战略意义"，求是理论网，2010年10月18日。

德国和美国，成为世界第一大国际旅游消费国①。

未来来看，随着旅游业发展软硬件环境的进一步优化，我国旅游消费会呈现出更为广阔的发展前景。到2015年，我国旅游消费占居民消费总量的比例可达10%左右，旅游业增加值占GDP的比重将提高到4.5%②。

（七）家庭服务消费

当前经济社会的快速转型，带来了家庭结构日趋小型化、核心化，家务劳动的社会化成为居民服务消费的新趋势。加之我国正处于快速老龄化阶段，人们对家庭服务社会化和多样化的需求不断上升，特别是安装维修、商品递送、清洁服务、家庭医生、婴儿照料、幼儿接送、月嫂服务、养老护理等潜在需求巨大。

据统计，目前全国家庭服务企业近50万家，年营业收入达1600多亿元。仅全国现有的1.9亿户城镇家庭中，就有平均15%的家庭具有家庭服务的消费需求，按此推算，可提供大约2900万个就业岗位，除去目前已有的1500万从业人员，至少还能提供1400万个新增就业机会③。

与此同时，近年来，各级政府也出台一系列发展和规范家庭服务业的政策措施，家庭服务消费已进入到一个快速发展期。数据显示，全国各地级以上城市通过建设“家政服务网络中心”，每年可

① 国家旅游局信息中心：“中国成为世界第一大国际旅游消费国”，http：//www.cnta.gov.cn/html/2013－4/2013－4－10－13－37－05536.html。

② 国家旅游局：《中国旅游业“十二五”发展规划纲要》，2011年。

③ 史丹、夏杰长：《中国服务业发展报告2012》，社会科学文献出版社2012年版。

带动全国家政服务消费超过300亿元①。

（八）新兴消费方式及由此衍生出的消费需求

互联网技术的飞速发展，不仅孕育了大量新型服务业态，为扩大消费提供了机会，而且还创造出新的消费时点，促进了潜在的消费需求转化为现实的消费行为。以2013年“双11”的网络购物为例，仅天猫、淘宝全天的交易额就超过了350亿元，比上年“双11”成交额增长了83%。从年龄分布上看，参与网购的消费者呈年轻化的特点。其中，18～25岁的消费者占绝大多数，比重达71.9%；其次是25～35岁年龄段，占比为14.5%。此外，约有51.3%的消费者购物花费在200元以下，而购物花费在200～500元之间的占比为32.3%，两者合计达83.6%（见图2.2）。

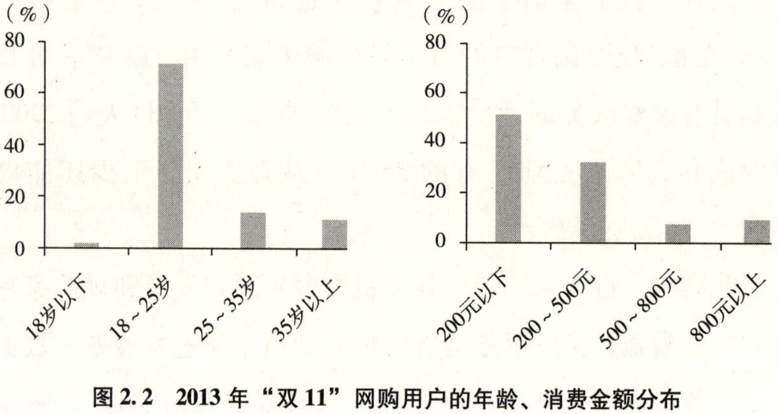

图2.2　2013年“双11”网购用户的年龄、消费金额分布

资料来源：艾媒咨询（iiMedia Research）。

---

① 龚雯、陈云：“商务部财政部构建城市家政服务网络中心”，《人民日报》，2009年4月20日。

另外，服装鞋帽、日用百货及3C产品[①]是消费者网购的主要消费品。2012年，81.8%的用户通过网络购买过服装鞋帽（见图2.3），主要原因是个性化需求更为强烈，而线下实体店的商品种类以及覆盖率无法有效满足。标准化的产品如3C产品等也有较高的购买率，主要是受网购的价格优势影响。此外，2012年，我国网购消费者海外代购交易额快速增长，海外代购市场交易额达到人民币483亿元，同比增长82.3%。其中，服装、化妆品、婴儿用品、3C产品和保健品为主要品类[②]。

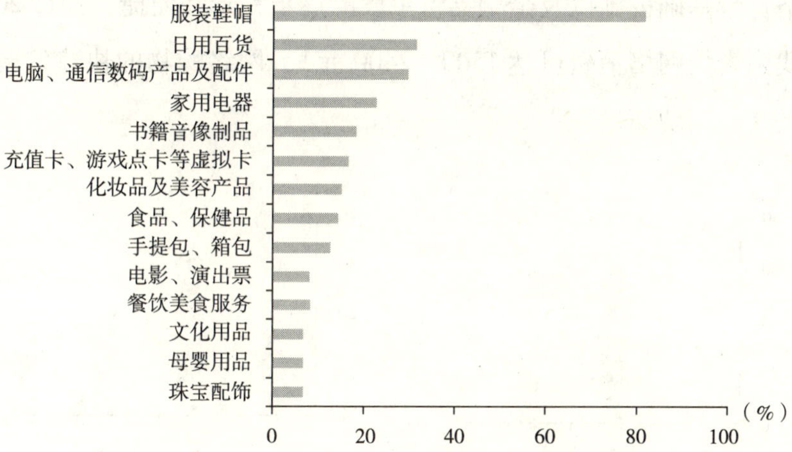

图2.3　2012年我国网络购物各类商品的网民比例

资料来源：中国互联网络信息中心《2012年中国网络购物市场研究报告》，2013年。

在网络购物快速发展的同时，近两年移动支付的发展更为迅猛，成为网络零售新的延伸，消费者从中可获得相比于线下更为便

① 3C产品是计算机（Computer）、通信（Communication）和消费类电子产品（Consumer Electronics）三者的统称，也被称为"信息家电"。

② 中国电子商务研究中心：《2012年度中国网络零售市场数据监测报告》，2013年。

捷的体验。从实际情况看，包括城市新移民在内的年轻人更青睐通过移动智能终端进行支付。从年龄结构上看，20～30 岁年龄段的用户占到61.3%，所占比重最高；其次为 30～45 岁年龄段的用户，占比为24.6%；而45 岁以上的用户仅占到 9.7%。另外，消费者在移动支付上已花费或可接受的单笔支付金额方面，愿意为每次消费支付 100 元以下的占到 29.4%，100～300 元的占到 31.5%，两项合计超过了 60%（见图 2.4）。

从未来发展看，考虑到中等收入群体的规模将会进一步扩大，网络宽带基础设施以及金融支付手段的逐步完善和便捷，预计 2020 年我国人均网络消费可达 1500～2400 元[①]，网络购物的快速发展也将是又一消费新增长点。

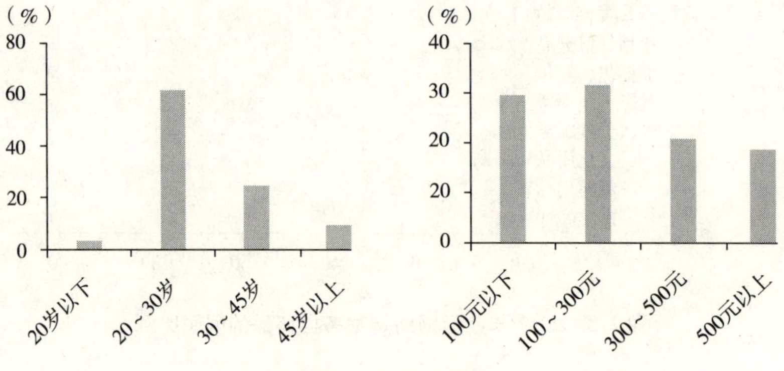

图 2.4　2013 年我国移动支付用户的年龄、单笔金额分布

资料来源：艾媒咨询（iiMedia Research）。

---

① 麦肯锡全球研究院：《中国网络零售革命：线上购物助推经济增长》，2013 年。

三、城市化进程中制约消费新增长点形成和发展的突出问题

现阶段，在城市化推进过程中，进一步释放居民消费潜力、形成消费新增长点，还面临供给侧、需求侧及体制政策等多方面的制约。

（一）产品质量与消费安全状况不容乐观

虽然近年来我国绿色有机食品开发得到了快速发展，但部分生产企业法律观念淡薄，绿色有机食品假冒和侵权行为屡有发生，侵害了消费者权益。例如，部分企业超期使用绿色有机食品标志，或是擅自扩大绿色有机食品标志使用范围，甚至还有企业受经济利益驱动假冒绿色有机食品商标等。

与此同时，随着网购越来越成为重要的新兴消费方式，网络消费安全也受到政府部门和社会各界的高度关注。根据中国消费者协会的相关调查，目前，我国网络消费投诉主要集中在以下几个方面：一是网购商品质量良莠不齐。在消费者投诉中，网购商品质量问题始终居于前列。二是网络支付存在风险隐患。由于多数消费者愿意使用更为便捷的第三方支付工具进行支付，使得网络诈骗招数花样翻新，各类钓鱼网站、木马程序层出不穷，甚至还形成了完整的黑色产业链，严重威胁了消费者的资金安全。三是个人信息保护亟待加强。网络交易过程中，消费者通常需要提供与之相关的个人

信息，然而不少商家为加大宣传推销力度，在未征得消费者同意的情况下，以各种方式频繁骚扰消费者。更有甚者盗取用户隐私信息后转让他人，进行非法牟利活动。

（二）城市快速扩张过程中消费基础设施布局不合理

近年来，我国城市化进程明显加快，城市规模不断扩大，特别是特大城市规模扩张更快，建成区面积“摊大饼”式的向外拓展。不少城市的外来新移民受收入水平、就业性质等方面的影响，更多聚集生活在城市相对外围的区域。而这些地区消费基础设施的规划明显滞后于这一发展趋势，造成新建人口聚集区的交通、商贸、教育、休闲娱乐、医疗保健等消费基础设施较为缺乏，消费需求难以有效满足。

（三）政府对基础性公共产品投入仍显不足

当前，我国正处在经济社会发展的转型期，由于对基础性公共产品的投入依然偏弱，直接导致居民的预期消费支出增加。例如，近年来一些大中城市住房市场供求关系紧张，刺激房价上涨过快，而相应中低收入家庭的住房保障工作又处于探索发展阶段，直接导致居民对住房消费预期支出增加，很大程度上挤占了其他方面的消费。

另外，近年来全国许多城市掀起的“智慧城市”建设热潮，大部分还都停留在交通、给排水、环保等基础设施建设方面，而对教育、养老、医疗等民生服务的数字化、网络化投入明显不足，影响了消费新增长点的培育。

（四）收入分配不公导致收入差距仍然偏大

2012年，我国城镇居民家庭中最高收入户的人均可支配收入为63824.2元，而最低收入户的人均可支配收入仅为8215.1元①，两者相差7.8倍。尽管近年来城镇居民最高和最低收入差距有所缩小，但仍然偏大。这将导致两个结果：一是中低收入群体绝对需求量的降低，二是社会边际消费倾向的下降，从而对消费需求的增长产生不利影响。

另外，城市新移民的收入水平也直接影响着消费能力。现实中，这一群体收入水平偏低，一方面是由于这一群体的个体素质所引起的。据调查，84.5%的劳动年龄流动人口无任何职业技术职称，在对技术能力要求较高的制造业中，流动人口接受过培训的比例也仅为21.7%②。另一方面，流动人口与户籍人口之间还一定程度上存在着同工不同酬的问题。以住宿餐饮业为例，在身份同为雇员的情况下，流动人口的平均月工资比户籍人口低18%。另外，未与雇主或单位签订劳动合同的流动人口的比例超过30%，仅有51.3%的流动人口签订有固定期限劳动合同。除此之外，就业流动人口在流入地的养老保险、医疗保险、工伤保险、失业保险、生育保险和住房公积金（“五险一金”）的参加比重均不超过30%。特别是在工伤风险较高的采掘、制造、建筑业中，参加工伤保险的比例分别为58.4%、48.9%和25.1%，远未达到《工伤保险条例》

① 数据来源于《中国统计年鉴2013》。

② 国家人口和计划生育委员会流动人口服务管理司：《中国流动人口发展报告2011》，中国人口出版社2011年版。

规定的全部参保要求①。较低的社会保障水平很大程度上制约了这一人群消费能力的提高。

（五）市场准入制度与竞争机制不完善

随着我国居民消费需求的不断增长，消费供给不足与结构失衡的问题不断暴露出来，其中很大程度上是体制原因造成的。

一方面，市场准入门槛偏高限制了部分改善型服务的供给增长。当前，我国正处于消费结构持续升级的时期，特别是服务性消费进入快速增长期，消费者对信息服务、金融服务、文化娱乐、健身保健的消费需求不断增长。尽管国家出台了一系列加快服务业发展的政策措施，但民营资本在进入某些服务领域或是选择投资项目时仍受到一定限制。另一方面，竞争政策不完善，部分服务行业还存在垄断和竞争不足的问题，一定程度上造成服务供给的总量与结构、质量和效率还难以充分满足城乡居民的服务需求，制约了消费新增长点的发展。

（六）城乡分割的二元管理体制

城乡分割的二元管理体制阻碍了城乡劳动力的自由流动，难以发挥市场在资源配置中的决定性作用。近年来，农村剩余劳动力向城市特别是大城市转移的步伐加快，并且出现了很多没有务农经历

① 国家人口和计划生育委员会流动人口服务管理司：《中国流动人口发展报告 2012》，中国人口出版社 2012 年版。

的新生代农民工①。但由于城乡分割的社会保障体制和福利制度，这一群体在享受住房保障、医疗卫生、随迁子女教育等公共服务方面仍与户籍制度紧密挂钩，与城市居民相比，进城务工人员不得不更多地背负起养老、医疗、社保等自我保障的压力，使得其消费倾向和意愿趋于弱化。

（七）农村土地产权制度的缺陷

由于土地产权的缺陷，导致土地物权的虚置和缺失，进而造成土地流转、土地征用的制度性缺失，出现土地产权模糊、土地流转困难、土地价值低估和补偿标准过低等诸多问题②。农村土地产权制度的缺陷，使得长期在城市居住和工作的农民工特别是新生代农民工难以在放弃土地权益时得到合理补偿，成为制约农民向市民转变的重要障碍。

四、政策建议

在城市化进程中，加快培育和发展消费新增长点，需要着重从改善消费环境、提高消费能力、增强消费意愿、稳定消费预期上下功夫。

---

① 国家统计局公布的《2013 年全国农民工监测调查报告》显示，2013 年，全国 1980 年及以后出生的新生代农民工达到 12528 万人，占农民工总量的 46.6%，占 1980 年及以后出生的农村从业劳动力的比重为 65.5%。这一群体的主要特点是：受教育程度普遍较高，主要集中在东部地区及大中城市务工，八成以上选择外出从业，以从事制造业为主，在外务工更倾向就地消费。

② 黄锟："农村土地制度对新生代农民工市民化的影响与制度创新"，《农业现代化研究》，2011 年 3 月第 32 卷第 2 期。

（一）强化产品质量和消费者权益保护

加快制定和完善相关标准，确保绿色有机食品认证的规范性、真实性和有效性。与此同时，着力加强产品质量安全监管，规范使用产品标识标注以及加大查处假冒伪劣力度。

从强化行政监督、加强舆论监督和实行行业自律等方面，建立健全网络消费者权益保护监管体制，完善网络购物食品、药品安全监管规章，进一步加强对网络消费者的个人信息和支付安全防护。

（二）进一步完善城市消费基础设施

加强大、中、小城市和小城镇在公共交通、供水、供电、供热以及通信网络、互联网等方面的基础设施建设，特别是全面推进“三网”融合，加快宽带网络升级改造，不断提高宽带网络普及水平和接入能力，为扩大消费、形成和发展消费新增长点创造有利条件。此外，在积极推动消费品领域电子商务等现代交易方式和组织形式快速发展的同时，加大对集储存保管、分拨配送、信息传递于一体的快递转运中心的设施建设力度，不断满足快速增长的网购物流要求。

（三）增加低收入者收入并缩小收入差距

调整初次分配体制，进一步完善税费减免和公益性岗位、岗位培训、社会保险、技能鉴定补贴等，扶持劳动密集型企业、小微企业和创新型科技企业的发展，创造更多的就业岗位，不断改善农业转移人口的就业质量。通过职业教育、成人教育等多种手段，提高农业转移人口的综合素质和职业技能，提升其消费能力。此外，加快健全再分配调节机制，通过税收、社会保障、转移支付等途径，缩小收入差距，夯实消费增长的基础。

（四）鼓励民间资本进入公共服务领域

坚持“非禁即准、非限即许”原则，积极鼓励民间资本进入服务领域，合理降低在教育、医疗、通信、金融保险等服务业的准入门槛，继续推动垄断性服务行业体制改革。强化知识产权保护与运用，鼓励产品和服务创新，促进服务业企业经营业态多元化。

（五）分类有序推进户籍制度改革

全面放开建制镇和小城市落户限制，有序放开中等城市落户限制。大城市和特大城市也应积极研究合理的落户条件，逐步通过“积分落户”等办法，畅通符合条件的农业转移人口转为市民的制度渠道。

（六）推进城镇基本公共服务全覆盖

一是通过政府补贴参保等方式，适当降低低端劳动力的缴费率，落实社会保障权益特别是养老金权益的接续转移政策，促进劳动力市场的统一。二是加快推进社会保障项目的整合，尽快提高养老保险和医疗保险的统筹层次。三是将符合条件的流动人口纳入城镇住房保障范围，逐步建立流动人口进城落户后的城镇住房保障与原有宅基地使用权退出相衔接的制度。四是落实流动人口子女义务教育权利，通过政府购买服务的方式，对符合条件、吸纳流动人口随迁子女的民办学校予以补贴及政策优惠。

（七）完善农村土地制度

进一步完善土地使用权制度，改革土地价格形成机制，允许作为农业生产资本流转，明确农民对土地转包、出租、入股、抵押权益，赋予农民更多的财产权利，从而为就地转变为市民的进城农民提供在城市定居、消费的资金来源。

执笔：刘涛

专题报告三
新一轮技术革命与培育消费新增长点

进入21世纪以来，在资源、环境和经济危机三大压力下，新一轮技术革命不断向纵深推进。发达经济体纷纷将技术创新和产业化作为构建新的国家竞争优势、促进经济可持续发展，以及应对经济危机的重要途径。新技术的不断突破与应用，对产业结构、消费结构和社会结构调整产生重大影响。不仅直接催生出诸多新产品和新服务，同时也在技术融合整合的过程中，带动已有产业不断升级，进而为扩大消费提供持续的动力和支撑。

一、新一轮技术革命的重要方向与应用

（一）世界正在进入新技术革命纵深推进和成果应用阶段

人类自19世纪中叶以来已历经多次科技和产业革命浪潮。正如人类历史和经济发展的经验所表明，几乎每一次重大的技术革命，都与影响深远的经济危机相关联，本轮技术革命也不例外。无论是从产业的角度还是科技的角度，信息技术和能源技术的重大突

破和不同技术之间的融合发展，都成为技术革命的重要内容。美国著名未来学家杰里米·里夫金（Jeremy Rifkin）认为，经济和社会变革总是来自新能源与新通信方式的交汇①；英国经济学家保罗·麦基里（Paul Markillie）认为，一种建立在互联网和新材料、新能源相结合的工业革命即将到来，它以“制造业数字化”为核心，并将使全球技术要素和市场要素配置方式发生革命性变化②。不论是第三次革命还是第五次科技革命，都是由于技术创新的重大突破所引发的连锁反应。当前的技术创新与经济社会发展的关系比以往任何时候都更加直接和密切，创新导致新产品和新兴市场的出现，从需求增量和存量两个方面深刻改变人们的生产、生活方式，甚至影响到社会结构的调整，进而改变人类文明发展的进程。

从新一轮技术革命的方向看，以信息通信技术、新能源、新材料、数字制造等技术为核心的新产品和新服务层出不穷，新的管理方法和商业模式不断凸显，不仅满足了已有的消费，甚至创造出新的消费需求。新技术的潘多拉盒子已经打开，有的已经进入商业化、市场化、产业化普及应用的时期，也有的接近临界点。

本轮技术和产业革命，对于正处于转变经济发展方式关键阶段的中国尤为重要。随着传统增长模式难以为继，资源、环境压力日益加大，中国能否积极应对技术革命，提升经济竞争力，培育和扩大新的消费增长点，将影响到21世纪中国全面建成小康社会宏伟目标的顺利实现。如果政府能采取科学有效的措施加以引导和支

---

① 杰里米·里夫金：《第三次工业革命》，中信出版社2012年版。
② 杜跃进：“迎接新一轮技术和产业革命”，载《经济参考报》，2012年6月28日。

持，完全有能力和潜力成为我国经济发展和扩大消费的新增长点，进而带动经济进入新一轮高增长周期。

（二）新一轮技术革命的主要内容与应用领域

在技术创新和技术融合的条件下，本轮技术革命涉及范围广、覆盖面大、影响层次深，主要聚焦在以下几个方面。

1. 新一代信息通信技术及应用

信息通信技术①的发展以及信息通信技术与其他领域技术的融合整合，是导致技术和现代产业双螺旋增长结构的基础性、决定性驱动力量。当前，人们对于信息通信技术的认识早已突破了“索洛悖论”②。在近年来信息通信技术的重大突破过程中，以新一代（下一代）网络（NGN）发展及引领作用最为突出。凭借开放性、高效性、共享性，以及多用户、多媒体、低成本等优势，无论在下一代互联网应用（IPv6），还是在超三代移动通信（3G+）③应用上，NGN对传统通信网络和标准的替代日益明显。特别是以LTE－FDD和LET－TDD为代表的移动通信网络，具有100Mbps的数据下

① 信息通信技术（ICT），它是信息技术与通信技术相融合而形成的一个新的概念和新的技术领域。以往通信技术与信息技术是两个完全不同的范畴：通信技术着重于信息传播的传送技术，而信息技术着重于信息的编码或解码，以及在通信载体的传输方式。随着技术的发展，这两种技术慢慢变得密不可分，从而渐渐融合成为一个范畴。信息通信技术的应用包括计算机硬件和软件、网络和通信技术、应用软件开发工具等。

② 索洛悖论（Productivity Parado，又称“生产率悖论”）。20世纪80年代末，美国学者查斯曼（Strassman）调查了292个企业，结果发现这些企业的IT投资和投资回报率（ROI）之间没有明显的关联。1987年获得诺贝尔奖的经济学家罗伯特·索洛（Robert Solow）将这种现象称为“生产率悖论”：“我们到处都看得见计算机，却在生产率统计方面看不见计算机。”

③ 下一代移动通信技术从理论上看，4G是3G的持续，严格说应该是3.5G或者是3.75G，但目前广泛使用4G概念，但最终会过渡到4G。被国际电信联盟认证为真正的4G技术是LTE Advanced、WiMAX Release 2（802.16m）和TD－LTE－Advanced。

载能力，上传的速度能达到20Mbps，速率比拨号上网快2000倍，是3G移动电话速率的50多倍，将极大拓展网络和通信增值服务的范围和效率，从而成为整合电信、广电、互联网的新基础设施网络。甚至有专家认为，未来固定拨号上网将会被4G所替代。此外，基于现有技术应用改良也成为技术创新的亮点。例如CDN（Content Delivery Network，内容分发网络）的应用①。

2. 节能和新能源技术

新能源技术是历次技术革命和产业革命的交集。目前，以新能源技术和能源管理为核心的新能源技术革命，是技术革命和产业革命的长期主攻方向之一。

从节能技术看，各种节水、节电、节油、节气等器具、设施、系统一直处于普及应用阶段，例如，中水循环系统、节能荧光灯、抽水蓄能电站、节能汽车等。而本轮节能技术在平面显示、照明光源、节能汽车等方面较为突出。以OLED为发展方向的平面显示技术较之液晶显示（LCD）有更加明显的优势，特别是在能耗、厚度、可视角度、响应时间、弯曲性、双面显示、能耗方面优势明显，在家电、医疗设备、工程机械设备、头戴显示设备（如智能眼镜）和各类智能终端上已经被广泛应用，并将激发相关行业的再一次升级。

与OLED相比，LED作为照明光源的应用前景相对明确。发光二极管（LED）被世界公认为是21世纪最有发展潜力的新兴固态

---

① CDN的目的是通过在现有Internet中增加一层新的网络架构，将网站的内容发布到最接近用户的网络“边缘”，使用户可以就近取得所需的内容，解决Internet网络拥挤的状况，提高用户访问网站的响应速度。

冷光源，具有节能环保、高亮度、高稳定性的优势，耗电量仅为传统白炽灯的1/10、节能荧光灯的1/3，而使用寿命可延长数十倍乃至上百倍①。美国的“下一代照明计划”、日本“21世纪照明计划”、欧盟的“彩虹计划”，均将促进LED照明研发和商业化作为重要的国家产业及技术战略。

节能汽车的发展是基于和应用新动力、新材料和燃油经济三大汽车技术创新成果的汽车产品。随着环保、能源压力的加大，节能汽车作为向新能源汽车过渡的短期产品，将在未来具有较大的增长潜力。从汽车动力技术来看，油电、油气等混合动力技术的日益普及，以及新一代直喷发动机、双涡轮增压、双离合、碳纤维等技术的发展，将使汽车在降低油耗的基础上不牺牲甚至提高动力性能。

清洁和可再生能源主要包括太阳能、风能、核能、水能（潮汐能）、地热能、生物质能（生物燃料、页岩气、可燃冰等）等。20世纪后半叶以来，上述能源已经在世界各国和各领域有所应用。到了21世纪，随着能源开发利用技术的进步，例如第四代核能技术，非晶硅和薄膜光伏发电技术的研发应用，以及信息技术、网络技术的融合发展，世界清洁和可再生能源开发利用进入一个新时代。世界各国对可再生能源开发利用重视程度空前高涨。

与此同时，新能源技术不仅包括能源的开发利用技术，更包括对能源的现代化管理技术。而智能电网（Smart Power Grids）则是

① 毕向辉、王青：“我国应以国家战略高度推进LED产业快速发展”，载《现代工业经济和信息化》，2011年7月总第8期。

21世纪最重要的能源管理模式和系统。所谓智能电网，是建立在集成的、高速双向通信网络的基础上，通过先进的传感和测量技术、先进的设备技术、先进的控制方法以及先进的决策支持系统技术的应用，实现电网的可靠、安全、经济、高效、环境友好和使用安全的目标。从目前世界发展情况看，分布式智能电网成为发展的重要方向，欧盟应用核心环节在用电环节，美国是配电和用电环节，而我国集中式电网的核心环节是输电和配电。根据派克调查机构的最新报告，智能电网技术市场将从2012年的330亿美元增长到2020年的730亿美元，8年市场累计投资达到4940亿美元①。

3. 新材料技术

新材料（或称先进材料）是指那些新近发展或正在发展之中的具有比传统材料的性能更为优异的一类材料。新材料被称为“发明之母”，是技术创新的基础。材料与信息和能源共同构成新技术革命的三大支柱。2010年全球新材料市场规模约为8000亿美元②。当前，美国、欧洲、日本等发达国家和地区高度重视新材料技术的发展，都把发展新材料作为科技发展战略的重要内容。

新材料技术正朝着研制生产更小、更智能、多功能、环保型以及可定制的产品、元件等方向发展。例如，纳米材料技术从根本上改变了材料和器件的制造方法，使得纳米材料在磁、光、电敏感性方面呈现出常规材料不具备的许多特性，在半导体等重要领域都有着广阔的应用前景。

---

① 中研普华（2013）：《未来智能电网市场趋势展望分析》，参见中国行业研究网：http://www.chinairn.com/news/20130320/112838872.html。

② 张彬：“新材料：新工业革命的物质基础”，载《经济参考报》，2012年7月3日。

超导材料在电动机、变压器和磁悬浮列车等领域有着巨大的市场。二硼化镁可在 -234℃成为超导体，由于二硼化镁超导体易合成、易加工，很容易制成薄膜或线材，因而应用前景广阔。据世界银行估计，2010 年超导产品约有 1000 亿美元的市场[①]，并预测到 2020 年超导相关产品市场规模将达到 2440 亿美元[②]。

高性能结构材料具有高温强度好、耐磨损、抗腐蚀等优点。当前的研究重点有：纤维增强塑料、碳纤维/碳复合材料、陶瓷基复合材料和金属基复合材料。例如，在内燃机中用陶瓷代替金属可减少燃料消耗 30%，提高热效率 50%。高分子功能材料也是近年来发展最快的有机合成材料，每年的市场规模增速达到 15%左右。[③]

4. 生物技术

生物技术（biotechnology）是应用生命科学研究成果，以人们意志设计，对生物或生物的成分进行改造和利用的技术。现代生物技术综合分子生物学、生物化学、遗传学、细胞生物学、胚胎学、免疫学、化学、物理学、信息学、计算机等多学科技术，可用于研究生命活动的规律和提供产品为社会服务等。近些年来，以农业、食品、医药、材料、基因工程、细胞工程、酶工程、发酵工程为核心的现代生物技术发展迅猛，并日益影响和改变着人们的生产和生

---

① 《我国高温超导线材产业化实现重大突破》，清华大学新闻网：http：//www. tsinghua. edu. cn/publish/news/4209/2011/20110225231243109908430/20110225231243109908430_ . html。

② 《超导线材：改变用电方式》，新浪财经：http：//finance. sina. com. cn/roll/20091010/18186823779. shtml。

③ 数据来源于百度百科关于新材料技术的介绍：http：//baike. baidu. com/view/1130602. htm。

活方式。例如，通过生物农业技术，可以提高农作物、畜禽产品、花卉林木的产量和抗病虫害能力，还能研发出更多适应人类和不同人群的食品品种。生物技术新药普遍用于治疗心脏病、癌症、糖尿病和传染病等类疾病。这些产品可用于诊断、预防、控制乃至消灭疾病和传染病。利用生物技术开发以微生物产出可降解的生物塑料，避免了“白色污染”，也可以通过利用核酸探针和利用生物传感器，实施污染监测和治理。基因工程和相关技术的最新应用是个人 DNA 芯片，能事先发现和具有针对性地治疗各种先天疾病或预防高发生率疾病。

5. 数字制造技术

所谓数字制造或桌面制造，是指在数字化技术和制造技术融合的背景下，并在虚拟现实、计算机网络、快速原型、数据库和多媒体等支撑技术的支持下，根据用户的需求，迅速收集资源信息，对产品信息、工艺信息和资源信息进行分析、规划和重组，实现对产品设计和功能的仿真以及原型制造，进而快速生产出达到用户要求性能的产品整个制造全过程。制造业数字化将引领第三次工业革命，智能软件、新材料、灵敏机器人、新的制造方法及一系列基于网络的商业服务将形成合力，产生足以改变经济社会进程的巨大力量①。如果说电子商务是信息通信技术引发了消费领域的重大变革，那么，它在生产领域主要体现在数字制造上。数字制造从成本上降

① 王龙云、侯云龙（2012）：《制造业数字化引领第三次工业革命》，载中国网：http：//news. china. com. cn/rollnews/2012 –06/21/content_ 14789909. htm。

低了所谓“长尾”① 产品和市场的进入门槛。未来的混合型的3D打印系统，将能直接制造出整条组装线的大部分部件，不仅节省了大量材料和工时，而且可以准确地安装在其他装置上。目前，家用3D打印设备价格已经降到2000美元以下。

二、新技术应用的热点领域及催生的消费新增长点

新技术革命不仅直接催生出一批批新的消费增长点，同时也将深入影响到传统热点消费领域，并引领和带动传统消费领域不断升级和轮动增长。

（一）新技术带动的消费升级和产品升级

1. 住宅：绿色住宅和智能住宅

根据对未来10年中国城镇居民住房需求及保障房需求的测算，2013~2022年间，我国大致还需要约115亿平方米的商品住房，新开工商业住宅的峰值大致在2014年前后出现，竣工面积峰值预计将在2018年前后出现，而住房投资预计将在2015年前后达到峰值，“十二五”末期和“十三五”末期，住宅投资增速将分别回落

① 长尾理论（The Long Tail）是网络时代兴起的一种新理论，由美国人克里斯·安德森提出。长尾理论认为，由于成本和效率因素，当商品储存流通展示场地和渠道足够宽广，商品生产成本急剧下降以至个人都可以进行生产，并且商品的销售成本急剧降低时，几乎任何以前看似需求极低的产品，只要有供给，都会有需求。这些需求和销量不高的产品所占据的共同市场份额，可以和主流产品的市场份额相比，甚至更大。

到10%和5%以下。中国到2022年，城镇仍需新建住宅130亿平方米，城镇住房总量将达到3.44亿套，户均住房1.03套（见表3.1、图3.1）。

表3.1　2013～2022年中国城镇住宅指标预测

年　份	城镇人均住宅建筑总面积（平方米）	城镇常住人口（亿人）	城镇住宅存量（亿平方米）	年竣工量（亿平方米）
2013	28.6	7.3	208.1	12.3
2014	29.4	7.5	219.2	12.7
2015	30.2	7.6	230.5	13.0
2016	30.9	7.8	241.6	13.1
2017	31.7	8.0	252.6	13.1
2018	32.4	8.1	263.7	13.3
2019	33.1	8.3	274.7	13.5
2020	33.8	8.5	285.5	13.4
2021	34.4	8.6	296.0	13.3
2022	34.9	8.8	306.1	13.1

资料来源：许伟（2013），引自刘世锦（2013）。

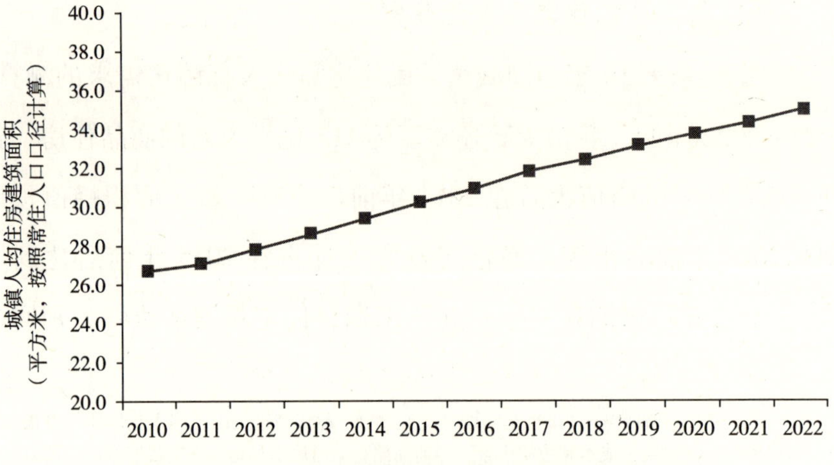

图3.1　2010～2022年中国城镇人均住宅建筑面积预测

注：城镇人均住宅建筑面积为城镇住宅建筑总面积/城镇常住人口。
资料来源：许伟（2013），引自刘世锦（2013）。

未来10年，特别是2015年以前，中国住房需求和住房投资依然会保持较高增速。房地产市场的持续增长，仍然是推动中国经济增长、促进居民消费结构升级、拉动相关消费的重要内容和有力支撑。在增长过程中，随着环保节能技术、新材料技术、信息技术的发展，以及人们环保理念的提升，绿色住宅和智能住宅将成为房地产产业的新增长点。

（1）绿色住宅

所谓“绿色住宅”，是根据住宅建筑周围的自然、人文环境，综合运用生态学、建筑学的基本原理以及现代科技手段，合理安排、组织住宅建筑内外空间与系统内其他相关因素之间的关系，使其成为一个有机的统一体①。绿色住宅能在全生命周期内，最大限度地节约资源，保护环境和减少污染，为人们提供健康、适用和高效的使用空间，与自然和谐共生。“绿色住宅”应达到以下几个方面的要求：在规划设计上，强调“人文主义”的建筑设计思想，尊重人性，尊重文化，尊重自然，充分考虑到人与环境的和谐统一。在建设和使用过程中，选用3R材料，选用无毒、无害、不污染环境、有益人体健康的材料和产品；采用较多节能环保技术和设施设备。在能源供给结构中，最大限度使用光伏太阳能、磷酸铁锂储能电池等新型电力供应设备，并随着环保和新能源技术进步不断应用新产品和动力系统。在使用过程中，科学合理收集和处理生活污水和垃圾，以“无害化、减量化、资源化”为原则，最大限度微害甚

① 吴荣坤（2012）：“绿色住宅是21世纪城市住宅发展的必然趋势”，载《建材发展导向》，2012年第2期。

至无害排放。

我国绿色住宅自2011年开始出现快速增长（见图3.2），项目建筑面积平均在10万平方米左右。江苏、广东、上海等三个沿海地区绿色住宅数量居于领先。根据《绿色建筑行动方案》，“十二五”期间，我国要完成新建绿色建筑10亿平方米；到2015年末，20%的城镇新建建筑达到绿色建筑标准要求。政府投资的建筑项目，副省级以上城市及省会城市的保障性住房，以及单体建筑面积超过2万平方米的大型公共建筑，自2014年起全面执行绿色建筑标准[①]。

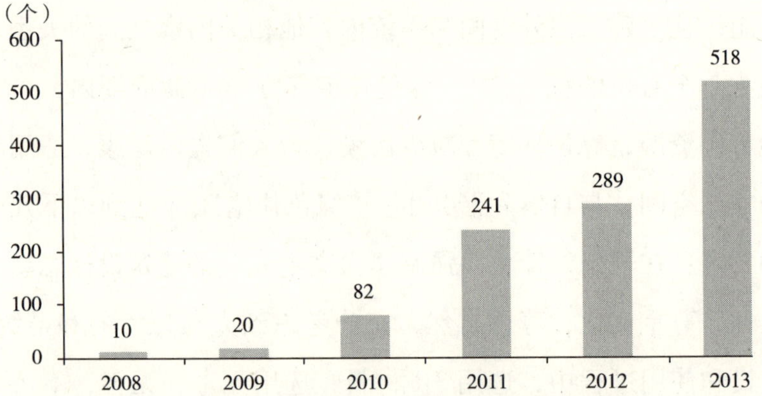

图3.2　2008～2013年我国绿色建筑项目评价标识项目增长情况

资料来源：住建部和科技部。

据相关机构测算，建筑业每增加1万元产值，至少消耗0.35万元建材产品[②]。如果按照2013年底全国100个城市住宅平均价格

① 《国务院办公厅关于转发发展改革委住房城乡建设部绿色建筑行动方案的通知》（国办发〔2013〕1号），中华人民共和国中央人民政府官网：http：//www.gov.cn/zwgk/2013－01/06/content_2305793.htm。

② 张雪娇：“绿色建筑的绿色需求”，载《中国建材报》，2013年12月2日。

每平方米10000元价格水平测算，到2015和2020年，全国仅绿色建材市场规模分别约为9000亿元和33000亿元，到2020年绿色住宅年销售额约为9万亿元，约占住宅总销售额的70%（见图3.3）。

（2）智能化（数字化）住宅

智能化（数字化）住宅利用系统集成方式，将现代计算机技术、现代控制技术、现代图像显示技术等多种高科技与各种各样的建筑通过网络联系起来，使住宅建筑物的结构、设备、服务及管理依据住户的需要进行最优化的组合，为居住者提供高效、便利、舒适、科技的居住环境。在智能化住宅使用和小区的管理和服务中，较多采用现代网络和信息科技，来提升自身对信息管理和信息综合利用的能力，借此提高社区信息化、智能化水平。随着技术发展和居民生活水平的提高，未来中高收入群体对智能化住宅和小区的需求将日益增加。

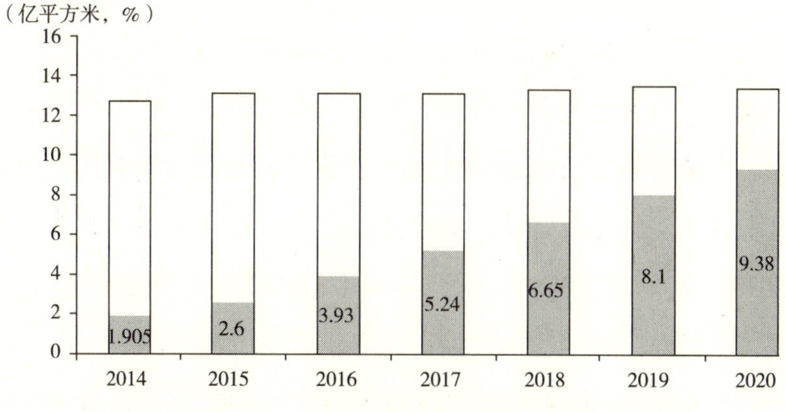

图3.3　2014～2020年中国绿色住宅面积预测及占比

资料来源：国务院发展研究中心市场经济研究所。

从全球行业发展趋势来看，发达国家智能住宅市场在2005年前后开始启动，目前，美国智能建筑占新建建筑的比例为70%，日本为60%[1]。以欧洲智能家居市场为例，2007年以后增速持续保持在20%以上（见图3.4）。

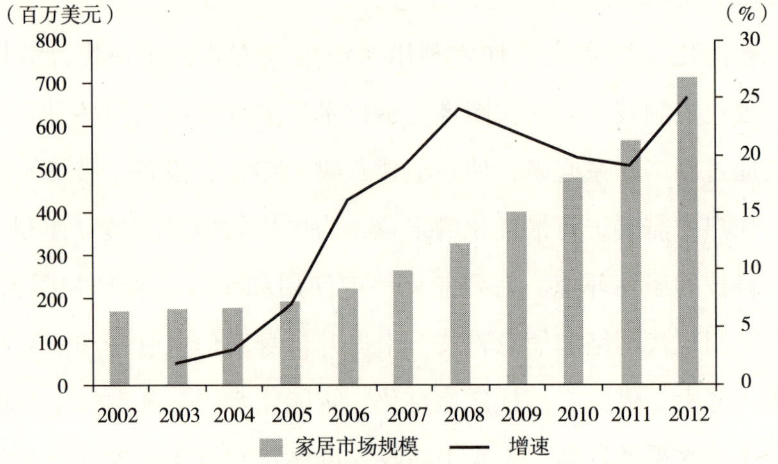

图3.4 欧洲智能家居市场规模及增速

资料来源：前瞻产业研究院。

我国智能家居的启动时间落后发达国家5~6年，“十二五”期间开始进入快速发展期。以智能家居为例，2006~2011年，中国智能家居市场的年增长率平均为20%。预计未来我国智能建筑在新建建筑中的比例将保持每年3个百分点左右的提升速度（见图3.5），到2020年我国智能建筑在新建建筑中的比重将达到60%左右。根据测算，目前，智能建筑的投资约合建筑总投资的5%~8%，较高标准可达10%[2]。随着智能建筑技术的发展和完善，智能化住宅投

① 前瞻产业研究院：《2013－2017年中国智能家居设备行业发展前景预测与投资机会分析报告》。

② 《电脑知识与技术》，2006年Z1期。

资比重将继续提升。如果按照投资比例10%估算，到2020年，智能住宅拉动相关产出将达到1.3万亿~1.4万亿元，其中，智能家居市场将达到3600亿元，年均增长25%；智能住宅市场销售规模将达到8万亿元，占住宅销售总额约60%。

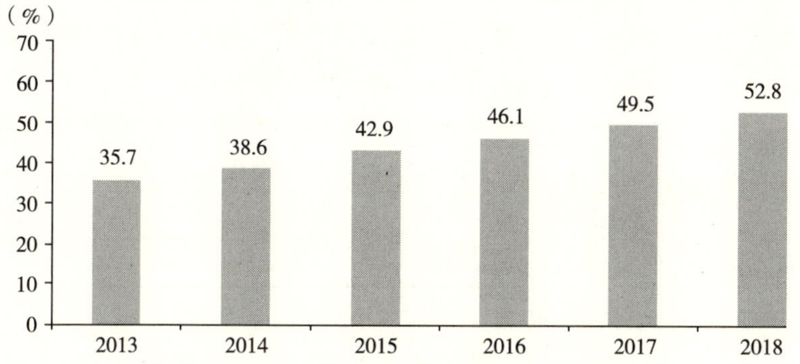

图3.5　2013~2018年中国智能建筑占比预测

资料来源：前瞻产业研究院。

2. 汽车：节能和新能源汽车、汽车电子产品及服务

从整体发展情况来看，我国汽车市场正处于从普及期的高速增长阶段向中高速增长阶段的转换点上。汽车需求增长峰值将出现在2015年前后，千人汽车拥有量增速将从5~100辆的19%~20%，回落到100~200辆的11%~12%增速区间，到2020年前后回落到5%以下（见表3.2）。因此，未来10年中国汽车需求依然处于较高的增长水平，对相关消费的拉动作用依然明显，对中国经济增长和消费扩张具有重要支撑作用。

随着全球资源瓶颈日益收紧和环境压力不断加大，特别是在国际金融危机爆发以后，欧、美、日等发达经济体都在努力寻求能够有效解决各种矛盾的综合方案，而新能源战略和新能源技术，日益成为各国共同锁定的战略焦点。节能和新能源汽车也成为未来中国汽车消费领域的新增长点。

表 3.2 工业化国家或地区汽车需求增长的阶段特征

发展阶段	增长特征		千人汽车拥有量（辆）	人均 GDP（1990 年国际元）	年均增速（%）	历时（年）
孕育期	低速		0～5	0～3500	—	—
普及期	高速		5～20	3500～4500	18～21	7～9
			20～100	4500～9000	19～20	8～9
	中速	中高速	100～200	9000～12000	11～12	5～7
		中低速	200～400	12000～16000	4～5	14～16
饱和期	低速		400 以上	16000 以上	1～2	—

资料来源：根据国务院发展研究中心数据库整理。

（1）节能汽车

所谓节能汽车，是指在不改变汽车以石油制燃料作为主要动力源的前提下，使其具备低能耗、低污染、小排量技术特征，或者引入其他辅助能源（例如使用电能、醇醚、燃气等），从而达到节油效果的汽车。节能汽车发展基于和应用动力、新材料和燃油经济三大汽车技术创新成果的汽车产品。随着环保、能源压力的加大，节能汽车作为向新能源汽车过渡的短期产品，将在未来具有较大的增长潜力。

（2）新能源汽车（New Energy Vehicles）①

进入 20 世纪后半期，在环境保护和能源安全的压力下，发达

① 依据中国工业和信息化部 2009 年 7 月颁布的《新能源汽车生产企业及产品准入管理规则》，中国新能源汽车的官方概念是：采用非常规的车用燃料作为动力来源（或使用常规的车用燃料、采用新型车载动力装置），综合车辆的动力控制和驱动方面的先进技术，形成的技术原理先进、具有新技术、新结构的汽车。新能源汽车包括插电式混合动力汽车（PHEV）、纯电动汽车（BEV，包括太阳能汽车）、燃料电池汽车（FCV）、其他新能源（如高效储能器、醇醚、液压、空气动力等）等汽车产品。

国家针对各种新能源技术的研发力度不断加大，各种新能源和替代能源技术路径不断被讨论和试验。特别是在锂离子动力电池技术获得巨大突破的情况下，电气化的技术路线，主要是以插电式混合动力汽车及纯电动汽车的技术路径日益为主要厂商认可，厂商和研究机构对汽车电气化的发展趋势日益乐观。目前普遍认为插电式混合动力汽车和纯电动汽车在2015年将占新车销售比重的7%～15%。

目前，全球轻型车（主要包括乘用车和皮卡）正常情况下每年销量约为6500万辆左右，在目前的技术格局下，预计2015年和2020年全球插电式混合动力及纯电动汽车销量将达到300万辆和800万辆规模，分别占全球轻型车总销量的4%和10%左右（见表3.3）。根据预测，2020年全球仅纯电动汽车全产业市场规模将超过2500亿美元，将超过太阳能、风能等大部分清洁技术的市场规模[①]（见图3.6）。届时，中国将成为全球最大的电动汽车市场（见图3.7）。

表3.3　对中国未来电动汽车市场规模和占比的预测

时间	市场规模（万辆）		轻型车总销量占比（%）	
	HEV	PHEV + BEV	HEV	PHEV + BEV
2015	650	300	9	4
2020	980	800	12	10

资料来源：王青（2012）。

① 世界银行（2011）："The China New Energy Vehicles Program: Challenges and Opportunities"（《中国新能源汽车行动计划：挑战与机遇》），http://www.worldbank.org.cn。

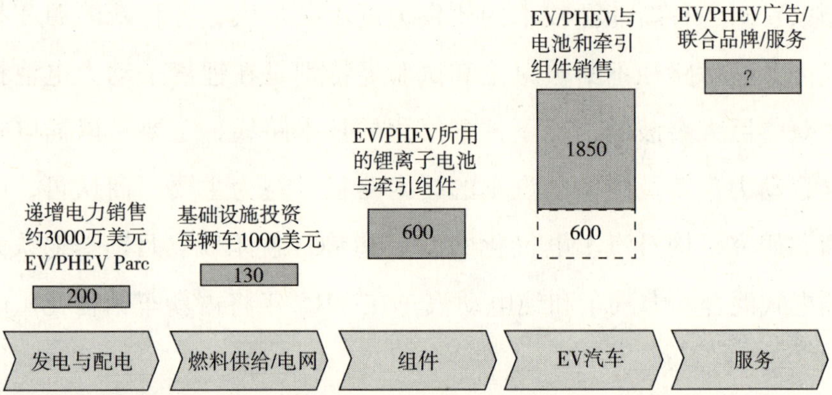

图 3.6　电动汽车（EV）产业价值链构成（单位：亿美元）

资料来源：世界银行（2011）："The China New Energy Vehicles Program：Challenges and Opportunities"。

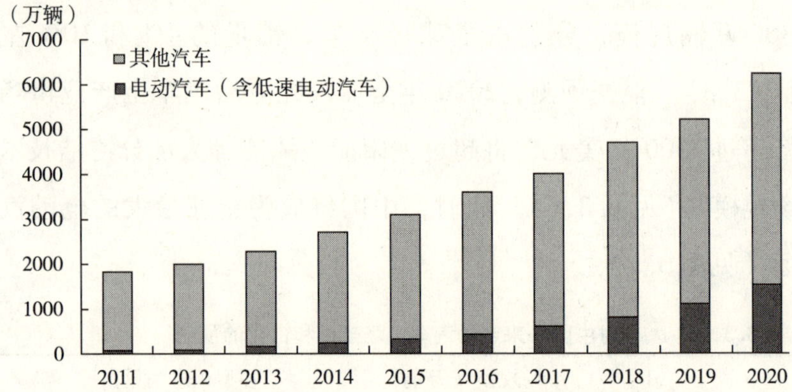

图 3.7　2011～2020 年电动汽车增长预测

注：电动汽车包括 BEV、PHEV 和低速电动汽车。
资料来源：王青（2012）。

如果按照一台纯电动或插入式混合动力汽车价格 20 万元计算，到 2020 年，我国电动汽车每年新车销售规模将接近 1.6 万亿元，同时每年将带动新增 3000 亿～4000 亿元的相关后市场服务及信息消费规模。

（3）新型消费电子产品和信息服务

将车载电子装置与信息和移动通信及移动互联网络技术集成和整合，将成为未来电子技术发展的方向，特别是将音乐播放器、掌上电脑及其他装置与汽车娱乐系统同步合成。目前，不仅整车厂、电器和电子产品企业广泛进入汽车消费电子领域，微软、苹果和谷歌公司均已进入汽车电子领域。同时，基于信息技术、定位技术、软件设计等的汽车消费服务市场也保持快速增长势头，例如，通用公司的 OnStar（安吉星）电子系统从基本的车道行驶辅助系统发展到语音识别系统，预订服务可以让驾驶者利用语音命令接听手机或接收股票价格信息。产品和服务的集成将成为未来汽车消费的新领域。目前，我国汽车后市场[①]尚处于发展的初级阶段和起步阶段，但即便如此，由于保有量较大，市场已经初具规模。2013 年，我国汽车用品市场规模约为 5025 亿元，其中汽车电子产品销售额最高，为 1738 亿元，占 35%[②]。预计到 2020 年，与电子、通信、车联网、娱乐等相关的服务将保持快速增长势头，带动车载电子产品及服务保持 20% 左右的增速，届时，汽车电子产品及相关服务将超过 6000 亿元，在汽车用品市场中的占比将达到 60% 以上。

3. 家电：智能家电

智能家电就是微处理器和计算机技术引入家电设备后形成的家电产品，具有自动监测自身故障、自动测量、自动控制、自动调节

---

① 汽车后市场是指汽车销售以后，围绕汽车使用过程中的各种服务，它涵盖了消费者买车后所需要的一切服务。也就是说，汽车后市场是汽车从售出到报废的过程中，围绕汽车售后使用环节中各种后继需要和服务而产生的一系列交易活动的总称。

② 国家发改委中设协汽车用品与改装技术中心：《2014 年中国汽车用品行业趋势发布报告》。

与远方控制中心通信功能的家电设备。电信网、互联网、电视网的“三网融合”，电视、手机、PAD、电脑的“四屏合一”，使得空间压缩、时间延伸，智能化是时代发展的必然趋势。三网融合及物联网技术应用后，冰箱、电灯、空调、电视、DVD、音响、微波炉、洗衣机等所有电器都将进入智能时代。

智能家电产品分为两类：一是采用电子、机械等方面的先进技术和设备；二是模拟家庭中熟练操作者的经验进行模糊推理和模糊控制。随着智能控制技术的发展，各种智能家电产品不断出现，例如，把电脑和数控技术相结合，开发出的数控冰箱、具有模糊逻辑思维功能的电饭煲、变频式空调、全自动洗衣机等。通过手机或其他集成设备即可方便地控制所有家电，从而为家电产品互联互通和产品升级带来发展空间。同传统的家用电器产品相比，智能家电具有网络化、智能化、开放兼容性、节能环保、操作简便等特点和要求。同时，智能家电并不是单指某一个家电，而应是一个技术系统，随着人类应用需求和家电智能化的不断发展，其内容将会更加丰富，根据实际应用环境的不同智能家电的功能也会有所差异，但一般应具备远程通信、智能控制、智能交互、功能集成等基本功能。

未来智能家电主要将朝三个方向发展：多种智能化、自适应进化、网络化。多种智能化是家用电器尽可能在其特有的工作功能中模拟多种人的智能思维或智能活动的功能。自适应进化是家用电器根据自身状态和外界环境自动优化工作方式和过程的能力，这种能力使得家用电器在其生命周期中都能处于最有效率、最节省能源和最好品质状态。网络化是建立家用电器智能体系的一种形式，网络化的家用电器可以由用户实现远程控制，在家用电器之间也可以实现互操作。

随着技术进步和普及速度较快，未来我国对于智能家电的需求将呈现快速增长。以空调为例，根据《2013 年空调市场消费趋势报告》，2013 年国内空调市场零售量和销售额约分别为3545 万台和1213 亿元，同比分别增长 8.6% 和 11.2%。但具备空气净化、抑菌、智能变频等功能的智能环保型空调产品大约为 2095 万台，占市场总量的59%左右，该类产品在国美在线空调销售额中同比增幅将达到300%[①]。2013 年普通液晶电视销量同比下降9%左右，但智能和3D 电视零售量合计约为5000 万台，同比增长40%以上。另据中国电子信息产业发展研究院预测，未来3 年间，将有60%的电视更新换代为智能电视。预计到 2020 年，智能手机渗透率将高达99%，智能电视渗透率达到93%，智能洗衣机、智能电冰箱、智能空调的渗透率将分别增至45%、38%和55%。到 2020 年，我国智能家电的生态产值将从 2010 年的 50 亿元扩张至 1 万亿元，智能终端将达到8000 亿元的市场规模，有望实现 10 年 200 倍的增长[②]。

（二）新技术催生的新产品和服务

1. *移动智能终端*

随着信息通信技术和移动通信网络的不断发展升级，各种移动

① 《2013 年中国空调消费趋势报告》，网易：http：//digi.163.com/13/0306/15/8P9UC2LF001618VK_ all.html。

② 中国家电商业协会：“智能改变未来：智能家电的现状与未来”，载《中国电子报》，2013 年 12 月 3 日。

智能终端产品的市场规模呈现快速扩张的趋势，而且换代的新技术产品增长速度明显高于此前主流技术产品（见图3.8）。目前，移动智能终端主要包括智能手机、笔记本电脑、掌上电脑（Personal Digital Assistant，PDA）、平板电脑和智能手表等。移动智能终端具有可移动性、实时在线、多任务性、多媒体等特点。

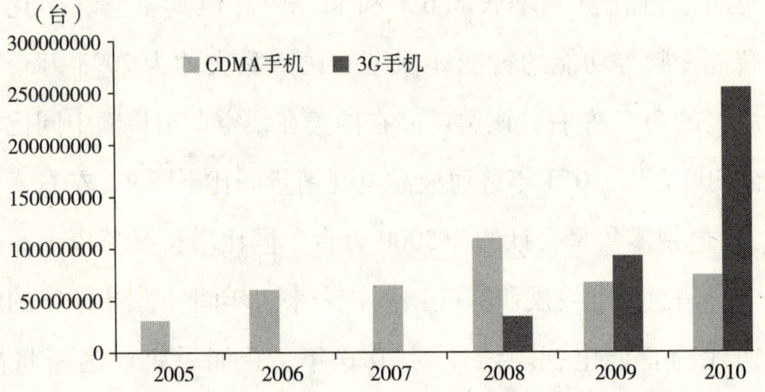

图3.8 CDMA手机和3G手机销量增长情况

资料来源：国研网（www. drcnet. com. cn）。

2013年，我国信息消费总规模达到2.2万亿元，其中信息产品达到1.2万亿元，移动智能终端市场增长成为热点领域①。目前，全国大中城市家庭智能手机、平板电脑、智能电视的拥有率为80%。2010年以来，我国移动智能终端出货量以年均150%的速度增长，2012年达到170%（见图3.9）。2013年1~8月，我国移动智能终端出货量为2.9亿部，同比增长100%，移动智能终端占移动终端的比例为72.2%，与2012年底相比提高了16.9个百分点。

① “2013年我国信息消费同比增长超过28%，智能终端成消费热点”，新华网：http：//news. xinhuanet. com/politics/2014－02/18/c_ 119391498. htm。

以智能手机为例，2013 年 1 ~ 10 月，我国智能手机产量达 3.48 亿部，比去年同期增长 178%。中高端用户换机频率日益提高，用户换机频率从 2012 年的 16 个月缩短到 2013 年上半年的 13 个月。我国年均 1 亿新增用户和庞大的用户规模将支撑移动终端继续高速增长。

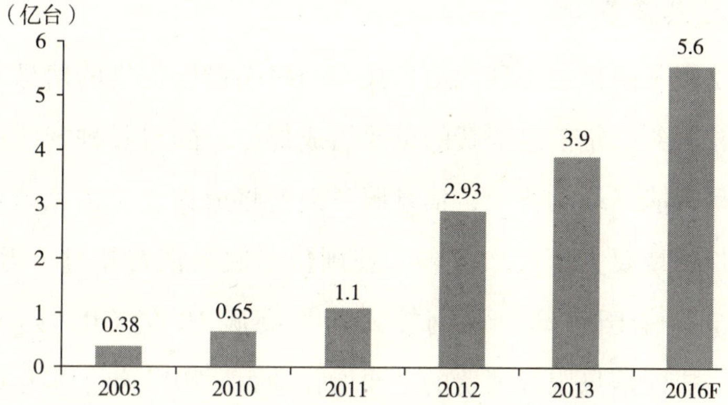

图 3.9　中国智能终端出货量

资料来源：IDC。

随着免费和开放式的操作系统在我国快速发展，Android 操作系统在我国移动智能终端市场迅速增长，2009 年，Android 操作系统的市场份额低于 1%，到 2012 年，Android 的市场份额达到 86.4%[①]。被企业界和投资界一致看好的智能穿戴设备，2013 年也显现出较强的消费能力，果壳电子智能手表销量就已突破 10 万台。随着 4G 对 3G 的替代，2013 ~ 2015 年将是智能移动终端换代高峰期，累计销售额可达 2 万亿元以上。以智能手机、平板电脑、智能

① 刘今超（2013）：《我国移动终端产业发展趋势分析及预判》，工业和信息化部官网：http：//www.miit.gov.cn/n11293472/n11293832/n15214847/n15218234/15698666.html。

电视等为代表的智能终端产品是互联网业务的关键入口和信息消费的重要载体。从发展趋势上看，未来4G手机、智能手表、工业级PDA①、智能眼镜等移动智能终端将会出现快速增长。预测到2020年，我国智能终端出货量将达到7.8亿台，届时移动智能终端将达到6.6亿台，年销售额将达到1.2万亿元。

2. 信息服务

信息服务是指运用现代信息技术和终端设施提供的信息内容产品和相关服务，是信息消费的重要组成部分。随着各种智能终端特别是移动智能终端的普及，信息服务消费将成为支撑信息消费持续高速增长的重要力量。2013年，我国信息服务消费超过1万亿元，增长20%。全国移动互联网接入流量突破10亿GB，同比增长68.9%，成为信息服务消费的主要增长动力；2013年上半年微信用户超过4亿户，微信用户拉动移动互联网流量收入同比增长56.8%；电子商务整体市场规模达到5.4万亿元，增长38.5%②，远高于信息消费业增速。随着4G等移动通信网络的普及，语音、数据等增值服务将成为电信服务业的主体，市场规模将呈现几何级数的增长。另一方面，数字化、智能化、网络化服务为主体的家庭数字消费在下一阶段将逐步显现，这将大大促进动漫游戏、数字音乐、网络视频等内容产品的消费需求增长。随着未来信息消费的内容建设的加快，形成内容生产、转换、加工、投送的平台和服务体

① 工业级PDA内置高性能激光扫描引擎、高速CPU处理器、操作系统，广泛应用于鞋服、快消、速递、零售连锁、仓储、移动医疗等多个行业的数据采集，支持无线网络通信。

② “我国微信用户超过4亿”，人民网：http：//www.people.com.cn/24hour/n/2013/0530/c25408－21679840.html。

系，将极大地丰富信息内容资源和促进相关信息产品创新，有利于加快释放巨大的信息消费潜力和形成庞大的信息消费市场，形成消费新增长点。

数据显示，信息消费每增加100亿元，将带动国民经济增长338亿元[①]。根据国务院相关规划[②]，到2015年，信息消费规模超过3.2万亿元，年均增长20%以上，其中，基于互联网的新型信息消费规模达到2.4万亿元，年均增长30%以上。电子商务交易额超过18万亿元，网络零售交易额突破3万亿元，通过电子商务带动的新增消费1.2万亿元。到2020年，信息消费市场规模将达到3.6万亿元，年均增长20%以上。

3. 新型照明和平板显示产品和设备

（1）LED等新型半导体照明产品

在LED[③]技术革命的发展和引领下，我国LED市场规模保持20%～30%的增长速度，正向千亿元规模迈进（见表3.4），成为世界LED产业发展最快的地区之一[④]。2013年，我国LED芯片、封装和应用整体市场规模约为2600亿元[⑤]。据预测，到2015年，我国LED仅通用照明市场规模就将达到400亿元，渗透率接近

① "信息消费每增加100亿元，带动国民经济增长338亿元"，载《人民日报》，2012年11月29日。

② 详见《关于促进信息消费扩大内需的若干意见》（国发〔2013〕32号）。

③ 发光二极管（Light－Emitting Diode，简称LED）是一种能发光的半导体电子元件，近年来普遍应用于照明、背光源、装饰装修等。

④ 毕向辉、王青："我国应以国家战略高度推进LED产业快速发展"，载《现代工业经济和信息化》，2011年第8期。

⑤ "LED照明应用市场发展大未来"，电气自动化技术网：http：//www.dqjsw.com.cn/xinwen/shichangdongtai/127415_2.html。

10%，年均增速约40%，带动LED相关产业产值将超过5000亿元；到2020年，LED通用照明渗透率将超过20%，市场规模约近700亿元①，带动LED相关产业1.2万亿元，年均增长25%。

表3.4 LED市场应用及市场规模预测

应用范围	应用市场	市场容量预测
信息显示	电子仪器、家用电器信息指示、计分牌、广告牌等	百亿元级
交通信号	城市交通、高速公路、铁路、机场、航海和江河信号灯等	百亿元级
汽车用灯	转向灯、刹车灯、雾灯、车内仪表显示及照明等	百亿元级
LED背光源	手机、数码相机、笔记本电脑、彩色电视的显示屏等	百亿元级
LED照明	室外景观照明、室内装饰照明、专用照明、安全照明、特种照明、普通照明等	千亿元级

资料来源：毕向辉，王青（2011）。

根据2009年国家发改委等六部委联合发布的《半导体照明节能产业发展意见》，我国对LED照明产业提出的发展目标是：到2015年，半导体照明节能产业产值年均增长30%，功能性照明达到20%左右，实现年节电400亿千瓦时，相当于年减排二氧化碳4000万吨。

（2）OLED平板显示产品

半导体技术和平面显示技术是电子产品发展的关键支撑，而“缺芯少屏”一直是制约我国电子信息产品发展的重要因素。随着智能手机、平板电脑、智能电视等智能终端市场的快速扩张，全球

① “2013～2020年中国LED通用照明市场规模预测”，中国行业咨询网：http://cache.baiducontent.com/；集邦LED中国在线（LEDinside）：http://www.ledinside.com.tw/market_news_led_200708。

对平板显示产品的需求将高速增长。2012 年，中国智能手机、平板电脑、智能电视等智能终端市场规模达到了 1 万亿元，同比增长 61%[①]。以液晶面板为代表的平板显示器件是电视、电脑和手机等显示终端的核心部件，各种显示终端所需要的液晶屏将直接或间接带动数千亿元的年产值。2012 年，我国平板显示产业规模达到 700 多亿元，逐步超越日本成为全球第三大 TFT – LCD 生产地。到 2015 年，中国大陆将有 9 条 8. 5 代高世代液晶面板生产线，年产能达到 5000 多万平方米，成为全球第一的高世代液晶面板生产基地。

尽管液晶面板市场需求量较大，但从平面显示技术发展和全球领先企业的研发现状来看，以 AMOLED 显示技术和产品为主的新一代显示面板将成为未来显示技术阶段性升级的主流方向。世界主要液晶面板生产企业将生产能力纷纷转移到中国，而加强 OLED 研发，也从一个侧面说明了这一问题。对此我国各界要有清晰的判断和长期考虑，不能重蹈我国显像管（CRT）电视发展的覆辙。

近两年，OLED 在显示领域特别是智能终端领域的应用开始加快。受三星 Galaxy 系列高性能智能手机需求大幅增长的影响，据 NPD DisplaySearch 分析，2013 年 AMOLED 手机面板出货量约为 2. 17 亿片，较 2012 年增长超过 60%；面板总出货面积到 2014 年一季度将达到 55. 7 万平方米，较 2013 年同期激增 112%[②]。2012 年，我国 OLED 面板市场销售额达到 145. 9 亿元，同比增长 81. 2%[③]。

---

① “我国智能终端产业扶持政策逐渐利好”，中国行业研究网：http：//www. chinairn. com/news/20131225/142813898. html。

② 《NPD DisplaySearch：2013 年 AMOLED 手机面板出货量将达 2. 17 亿片》，中文互联网数据咨询中心：http：//www. 199it. com/archives/156419. html。

③ 《中国 OLED 显示市场现状及趋势分析》，中华液晶网：http：//cache. baiducontent. com/。

未来OLED在显示领域替代LCD的趋势明显，这使得未来几年我国OLED市场都将迎来高速平稳的增长。

除家用电器外，未来从智能手机到建筑物上安装的巨型屏幕等多种应用，将推动OLED柔性显示器全球出货量在2013～2020年从320万个增至7.92亿个，激增近250倍，占平面显示产品出货量的64%①。除此之外，应用OLED柔性显示技术的智能眼镜的市场化步伐也在加快。智能眼镜的商业化，将引发移动智能终端和媒体娱乐业的一次革命。率先把OLED应用在视频眼镜上的是美国的eMagin。无论是对于民用消费领域还是工业应用乃至军事用途都提供了一个极佳的近眼应用解决途径。Google公司的智能眼镜也在2012年正式发布。iTheater（爱视代）也推出世界首款高分子超微OLED显示屏的视频眼镜。考虑到上述因素，预测到2020年，我国OLED市场规模将达到3700亿元，自2012年起年均复合增长率将达到50%。

4. 医疗和健康服务消费

未来新材料技术和生物技术将在医疗和健康服务领域有更为广阔的应用前景，同时也将成为重要的消费新增长点。在农业和食品饮料工业，更多的生物技术将被引入，更多绿色和健康农产品成为居民消费的重要内容，满足不同人群对食品安全、营养的巨大需求。从医疗领域看，根据《新材料产业"十二五"规划》显示，到2015年，预计需要人工关节50万套/年、血管支架120万个/

---

①《2020年OLED柔性显示器出货量将达到8亿个》，中国OLED网：http://www.oledw.com/oled-news/201311/8587.shtml。

年，眼内人工晶体 100 万个/年，医用高分子材料、生物陶瓷、医用金属等材料需求将大幅增加。这些都将通过新材料和 3D 打印等技术得到解决。基因芯片的广泛应用和成本降低，以及生物制药技术的发展，将为居民预防和治疗先天疾病和糖尿病、高血压、癌症等提供新的途径和手段。同时，随着人们对健康的日益重视，各种家用和小型医疗设备设施、健身器材、美容康复器材将日益普及，成为健康产业的新增长点。而信息技术和网络技术的发展，也会使远程医疗和远程医疗服务更加普及，预防、发现、治疗和监测将通过网络设备和大数据分析得以实现。

2013 年，中国健康产业市场规模约为 2 万亿元，据中国科学技术战略研究院研究预测，保守估计，至 2020 年，整个健康产业的潜力将达 10 万亿左右，其中，生物医药产业将形成约 8 万亿元的产值规模①。另据国务院《关于促进健康服务业发展的若干意见》提出的发展目标，到 2020 年力促健康服务业达到 8 万亿元的市场规模。卫生部“健康中国 2020”战略研究报告提出的目标是，到 2020 年，中国卫生总费用占 GDP 的比重达到 6.5% ~7%。其中，政府卫生投入占政府财政支出的比重达到 11.0%。

随着经济发展和城乡居民健康意识的提高，疾病预防、自我保健、家庭治疗康复等也已经成为健康理念的重要体现，各种家用和小型健康产品和器械正在加快进入居民家庭，成为医疗健康领域的又一新增长点。

---

① 《2020 年健康产业发展趋势预测分析》，转引自中国行业研究网：http：//www.chinairn.com/news/20130412/095616357.html。

相对于医院使用的医疗器械而言，家用健康器械主要包括以保健、康复、监测、调理、辅助治疗、改善环境等为主要功能家用健康产品和小型器械，具有操作简单、体积小巧、携带方便等特征。如医疗康复类的家用健康器械有高电位治疗仪、中低频治疗仪、温热理疗床、牵引器、制氧机、助听器等；监测类主要包括电子体温、血压、血糖、心脏等电子监测设备；保健类包括洗鼻、洗牙、按摩、足疗、美容、睡眠改善等器械，以及跑步机、家用健身器械等；环境改善类则包括加湿器、空气净化器、净水机及除菌设备等。

从全球来看，家用健康器械在世界范围都呈现快速增长态势。美国市场规模约为150亿美元，年均增速达到15%，因此，美国《财富》杂志将该产业评价为未来10年增长最快的产业之首[①]。2010年，欧美发达国家家用医疗保健产品消费支出已经占到总消费支出的1/4以上，而我国人均年消费仅为0.07%，其中，人均保健产品消费仅31元，分别是美国和日本的1/7和1/12[②]。中国2013年医疗器械总产值就达到4000亿元左右，较2005年翻了两番。如果到2020年我国人均消费支出达到美日等发达国家目前水平，整个家用健康产品及器械市场规模将达到5000亿元，年均增长14%以上。

---

① “健康产业呼唤品牌连锁崛起”，连锁中国：http：//info. lenso. cn/info/2007 - 07 - 24/1379. htm。

② 孙佑元、谭杰：《目前我国家用医疗器械现状及展望》，载《中国医疗器械信息》，2011年第17卷第2期。

5. 教育和培训服务消费

信息通信技术的创新，将对教育和培训领域产生深刻影响。无论是从学校教育、家庭教育还是培训课程来看，都可以借助更多的数字化、网络化、远程化和多媒体方式实现。教育的资源整合和效率将极大提高。多媒体教室、课件数据库、实时在线培训、网络现场管理咨询、家庭点对点教育辅导等方式，都会改变现有的教育培训模式，最终促使教育和培训质量的提升、效率提高和成本降低，这将促使教育和培训市场的急剧扩张①。从直接影响看，教育的信息化和网络化给我国提供了一种能大大缓解教育资源分配平衡、课程内容陈旧、教学方式落后以及学生创新力、创造力不足等问题的手段与途径；更重要的是，教育体制机制和培训市场将会因此发生巨大变革，这将对我国人力资本积累产生积极和重要的影响。

三、新技术产品产业化和消费过程中存在的主要问题

从目前的情况看，无论在供给层面还是需求层面，技术创新、新产品商业化应用、消费市场扩张等方面都存在一些问题特别是体制机制问题，对技术创新和消费创新有明显的制约作用。

---

①　例如，近两年全球开始兴起了所谓慕课（MOOC 大规模公开在线课程）热潮。短短一年时间里，哈佛大学与麻省理工学院的 EDX、斯坦福大学的 Coursera 和 Udesity 公司等三家公司，在一年时间里就联合了全球上百所一流大学，开设了 500 多门课程，500 多万学生选修了他们的课程。我国北京大学、清华大学、复旦大学、上海交通大学也纷纷加入了 MOOC。

（一）新产品的立法和标准体系不健全

对于大部分新出现的产品和服务，国家在立法和标准建设上普遍缺乏及时性和针对性。立法和标准的不完善甚至缺失，对于新产品的消费非常不利，甚至出现以次充好、混淆概念等情况。同时，消费者消费新产品在产品质量、售后服务等方面也不能保障。在产品消费过程中出现问题，难以有法律和标准作为依据维权，从而影响了消费规模和市场扩张。

（二）新产品消费相关基础设施有待改善

目前对于新型产品和新兴消费市场，在基础设施方面普遍薄弱，从而影响消费扩张速度。例如，对于增长较快的信息消费，就存在电信设施带宽不够和资费偏高的共性问题。我国目前使用的4M和2M宽带，理论上应享有512KB/s和256KB/s的网速，但实际上平均速度大约只有一半；在宽带费用方面，内地固网宽带用户上网1M带宽每月费用实际折合13.13美元，是越南的3倍、美国的4倍、韩国的29倍、中国香港的469倍[①]。再如电动汽车，由于缺乏足够规模和覆盖的充电桩和充电站，导致市场销售和基础设施供给之间形成“鸡”“蛋”困境。新产品消费基础设施的滞后，已经成为制约相关新技术产品扩大消费的重要影响因素。

① “假宽带：真问题还是伪问题”，《新京报》，2012年1月7日。

（三）缺乏合理的消费补贴方式及机制

具有节能和环保特点的新技术产品，由于具有正外部性，需要政府弥补企业收益和社会收益之间的差额，即在其产业化前期需要进行补贴。但事实上，很多节能和新能源特征的产品都没有实施消费补贴，导致企业新产品产业化成本较高、周期较长。即使在LED、电动汽车等领域国家制定了补贴，但也存在两个主要问题：一是缺乏合理的补贴方案，导致补贴资金效率较低；二是普遍实行的“补供方”的补贴方式不符合现代市场经济规则，抑制了消费者择优选择的权力，干扰市场机制的发挥，也加剧了地方保护和市场分割。

（四）缺乏促进新消费的相关税收体系

税收手段是政府鼓励消费创新产品的重要经济手段，而我国在这方面缺乏针对性的税收扶持政策，不仅弱化了政府对创新产品的消费引导力，甚至还弱化了新产品的市场竞争力。以新能源汽车为例，由于我国汽车相关税收主要集中在购买环节，购置环节和保有使用环节税收的比例大约为70∶30，而发达国家则为30∶70。由于新能源汽车的特点是购买成本高而使用成本低，现行税收制度导致相对于传统汽车而言，新能源汽车在使用环节的优势不突出。对于绿色住宅、智能家电等新消费领域，甚至较少涉及税收优惠政策。

（五）现行管理体制导致技术融合和消费扩张受阻

未来信息通信技术、互联网技术等技术的快速发展，将引发不同领域和产品的融合互动发展，跨行业、跨领域、跨地区成为产品和服务发展的特征。而由于条块分割的管理体制，导致这种融合整合发展受到很大阻碍。以信息消费为例，由于各种原因，电信网、广电网和互联网“三网融合”的推进缓慢，导致智能终端产品跨界消费和增值服务创新严重受阻，已成为影响我国信息消费乃至信息化进程的重要障碍。

（六）政府采购对市场消费的引导和带动作用不强

政府采购和政府消费是国家财政出资，而国家财政是纳税人的钱，因此，政府采购要体现出对技术创新、节能环保的引导示范作用。但从目前情况来看，尽管近年来有所改进，但从整体上说，政府采购依旧整体上未能形成对合理消费、技术创新和节能环保的鼓励和示范引领作用，甚至在公务用车采购等方面还起到反作用。

（七）新技术和新产品供给面临诸多体制机制障碍

首先，从准入和监管方面，我国长期延续的适应制造业的准入监管体系，仍带有明显的计划经济特点，已严重不适应技术创新、人力资本配置、现代服务业等发展要求，在诸多重要领域和关键环节仍存在较为突出的进入障碍。例如，在新能源汽车准入方面，执行的是传统汽车的投资、产量等准入标准，事实上排除了社会资本进入新能源汽车整车制造的可能性。再如，由于多头管理较为突出，“三网融合”相关产品和服务的供给严重不足。

其次，从竞争环境上看，统一开放、竞争有序的市场体系尚未形成。在现行政绩考核和财税体制下，地方保护、市场分割情况较为突出，缺乏公平、透明的竞争环境，严重影响到企业研发成果的市场化进程。例如，在项目招标、采购和示范补贴中，有倾向保护本地企业或关联企业的潜规则，创新产品或服务难以跨区域拓展市场。

第三，产品创新普遍面临核心技术瓶颈。在基础材料、半导体、精密装备等基础性领域，我国与欧、美、日、韩等发达经济体存在明显的差距。特别是核心专利和关键技术的缺失，导致国内企业只能从事价值链低端业务，甚至依附于跨国企业，导致新产品价格偏高。

第四，政府鼓励技术和产品创新的职能有偏差。例如，知识产权保护力度较弱，严重影响企业创新和推出新产品的积极性；政府通过规划和扶持资金过多干预和介入企业微观决策，导致重复建设、同构竞争；部门和地方政府在资金和土地等资源过多倾向竞争性技术、大企业、科研机构，导致创新资源配置不合理。

四、培育和扩大消费新增长点的政策建议

（一）发达经济体促进新技术产品消费扩张的政策经验

整体而言，发达经济体在促进技术创新产品市场化过程中，较少通过政策直接干预企业微观决策，大多通过市场自由竞争和鼓励多种技术路线市场竞争促进有市场前景的技术和产品脱颖而出。很

多国家的经验和教训表明，即使对于跟随性技术及产品，政府介入过多也会加大技术风险和市场风险，而对于原创性技术或产品则更是如此。然而，对于新技术产品的市场扩张，政府并非无所作为，而是通过适宜的供给和需求侧政策，加速技术创新和产品产业化进程。

1. 通过完善立法和标准体系促进新技术产品市场健康发展

整体而言，发达国家一般通过完善立法和技术法规体系及标准体系，来对技术创新和产品消费进行规范和促进。

从立法精神看，立法侧重于两个重要方面：一是关注和维护社会公共利益。发达国家政府立法的直接目的是维护社会公共利益、保护公民的人身安全、保护人类的生存环境、节约有限资源。二是维护全社会消费安全和公共利益。对于具有不确定风险和有争议的技术及产品，政府通过中立性立法来明确企业社会责任和消费安全责任，对于可能造成的危害和损害，均制定详细的事前惩罚和赔偿机制，来达到维护消费者的消费安全和权益的目的。

从内容看，法律法规、技术法规和标准主要聚焦在安全和环保两个方面，并制定严格和严厉的抽检和惩罚措施。从安全方面看，任何新技术和新产品的应用，首先要保障产品消费安全和社会公共安全。从环保角度看，涉及环境保护，任何新技术应用和新产品消费，都应对环境保护和能源节约发挥积极作用，通过技术法规和标准体系，建立新产品进入市场的环保门槛。

2. 借助消费补贴和税收优惠促进新产品市场扩张

发达国家普遍重视新技术产品在环保、社会收益和促进竞争和创新方面的正外部性。同时，由于新产品市场化初期的市场规模小和成本偏高，在价格上不具备和传统产品竞争的能力。单纯靠市场机制难以解决外部性问题，只能通过政府补贴来保证企业创新收益尽量和社会收益相近，否则很多创新活动和创新产品就不会产生。因此，发达市场经济国家政府往往会对这类产品提供消费补贴。例如在欧美，对于新能源汽车、光伏、LED等新产品，都有非常明确的补贴政策。对于消费补贴，发达国家的通行做法，是针对消费者进行补贴，这样就可以达到促进新技术产品市场扩张和保障自由竞争的双重目的。即在降低产品实际购买成本的同时，由消费者自由选择不同技术路线的产品，达到由市场选择最有发展潜力的产品。

同时，发达市场经济国家还会根据需要，对具有外部性的新产品提供税收优惠，包括采取调整税率、税收结构和税收抵扣项等灵活方式，最终借助税收杠杆来促进鼓励消费产品的市场扩张。以新能源汽车为例，很多国家对新能源汽车的消费减免税收和税收抵扣（见表3.5）。

表3.5　欧洲部分国家对新能源汽车的补贴或税收优惠

国　家	补贴或税收优惠	优惠对象
英　国	补贴车价25%，不超过5000英镑（2011年1月开始），免征最高1500美元消费税，免征年度流通税，免征拥堵税（5英镑/天），公交道路权，专门停车位免费停车	PHEV、纯电动、氢燃料电池
德　国	免5年车船税，到2020年提供专项补贴，其中，到2013年共补贴10亿欧元，公交道路权，免5年流通税	纯电动
法　国	补贴5000欧元，免费停车等优惠	CO_2排放低于60克/公里
比利时	可获得车价30%的减税优惠，最低新车登记税和年度流通税	纯电动

续表

国家	补贴或税收优惠	优惠对象
奥地利	免车船税、燃油消费税	纯电动
西班牙	补贴车价25%不超过6000欧元现金	PHEV、纯电动
意大利	1500欧元（乘用车），免5年流通税	电能、氢能、甲烷为动力
	4000欧元（商用车）	甲烷、氢能、天然气
爱尔兰	免最高额为5000欧元的汽车登记税	PHEV、纯电动
葡萄牙	个人购买补贴5000欧元，免公路税；企业批量购买减免车辆税、流通税，减免50%企业所得税，6个月内免缴充电电费	PHEV、纯电动
荷兰	免购置税及公路税；公务车19000欧元免税	PHEV、纯电动
丹麦	质量2000公斤以下电动汽车免缴新车登记税	纯电动
希腊	电动汽车和混合动力汽车免缴新车登记税	PHEV、纯电动
罗马尼亚	电动汽车和混合动力汽车免缴新车登记税	PHEV、纯电动
捷克	免缴公路税，只施用于商业用途车辆	PHEV、纯电动、其他燃料
挪威	免费专用停车充电场，公交专用道，免过路费、拥堵费，免进口税	PHEV、纯电动
瑞典	免5年年度流通税，企业用车所得税减40%，最高1.6万瑞典克朗	百公里能耗不高于37千瓦时的电动汽车

3. 借助国家示范项目推进新产品消费市场扩张

发达国家在设定国家发展目标后，一般会通过各种“国家计划”和“示范项目”推动国家战略的具体落实，这成为一种普遍的经验性做法。例如，在推广燃料电池汽车方面，欧盟的CUTE示范项目、UNDP/GEF燃料电池商业化示范项目、美国加州的CAHFC示范项目和日本的JHFC计划等。再如，在推广LED照明方面，美国的“下一代照明计划”、日本的“21世纪照明计划”、欧盟的“彩虹计划”，均将促进LED照明研发和商业化作为重要的战略项目。这些示范项目，对于基础设施建设运营、商业模式试验、扩张新产品市场等方面，都发挥了非常重要的经验总结和示范作用。

（二）新时期扩大新技术产品消费的政策建议

顺应本轮技术革命的发展方向，以十八届三中全会《中共中央关于全面深化改革若干重大问题的决定》，以及中央农村工作会议、中央经济工作会议和中央城镇化工作会议精神为指导，将缓解消费新增长点形成过程中存在的主要体制问题作为关键目标，通过全面深化重点领域和关键环节的改革，缓解和克服制度障碍和瓶颈，积极培育和扩大消费新增长点，带动宏观经济和国内消费的健康可持续增长。

一是加强和加快相关法律法规及标准体系建设。以法律法规和标准体系建设为重点，引导技术创新方向及相关产品的市场化、产业化，保障消费者权益，完善扩大消费的法治基础。特别是在新技术应用过程中，对于有不确定性的技术或产品，政府要在持中立态度和把握趋势的条件下，加强对消费者安全和权益的事前保护。

二是构建鼓励新产品消费扩张的消费政策。通过有针对性地调整相关税收制度，包括消费税、环境税、燃油税、碳税等，以税收杠杆引导研发资源和消费资源向创新产品聚集。改革政府采购制度和标准，更多地发挥政府采购对创新产品和节能环保产品市场化初期的扶持，提高政府消费的引领和带动作用。建立和改善消费补贴的长效机制，以消费者选择为核心，鼓励平等竞争，降低企业创新成本。

三是加强相关消费基础设施薄弱环节的建设。针对创新产品及服务在基础设施方面的突出瓶颈，有步骤、有层次、有重点地加强基础设施建设。特别是加强4G、互联网、智能电网等基础设施建设。特别是要积极推进“三网融合”，促进信息消费、智能家电、智能住宅、智能终端等新产品市场及相关服务的需求扩张。

四是根据具体商品或服务的特点，有针对地制定并推进国家示范项目及区域示范。根据实际情况，制定相应的补贴、基础设施建设、体制机制创新等具体方案，在总结经验教训和试点示范的基础上向全国复制推广。

五是调整创新政策导向，借助改善供给促进消费扩张。一方面，针对关键性、全局性、引领性技术创新，制定和实施国家战略规划。针对信息通信技术、新能源技术、生物技术等关键技术创新，制定和实施国家战略，并制定相应的人才、金融、技术、产业化等重要的配套支撑体系。另一方面，借助重点领域和关键环节的改革，厘清政府和市场的边界，改善监管体系，充分发挥市场在资源配置中的决定性作用。培育统一开放、竞争有序的市场体系，通过形成有效的产学研合作机制、构建共性技术研发平台、完善知识产权保护，积极培育国家创新体系，改善和提升技术创新和产业化的制度环境。

执笔：王青

专题报告四
人口年龄结构演变与消费新增长点

人口年龄结构是决定社会消费需求变化的重要因素，不同年龄段的居民所消费产品的品质与数量存在着明显差别。我国人口老龄化程度的深入、居民收入水平的提高和数字化时代的到来，导致我国消费结构呈现出新的特点与趋势，并由此影响到我国产业结构的变迁模式与方向。创造环境满足这些需求，并有效地加以引导、利用，对我国积极应对人口老龄化、产业转型升级和经济结构转变具有重要意义。

一、人口年龄结构影响消费的机制

（一）我国人口年龄结构演变特点

近30年来，我国人口年龄结构实现了由年轻型到成年型，再到老年型的转变，老龄化发展迅猛，并且伴有高龄化特征。从20世纪60年代开始，我国0～14岁人口的比重逐步降低，而65岁以上人口比重持续上升。20世纪70年代起，随着我国计划生育政策的实施，以及人们生育理念的转变，我国人口出生率开始下降，人口年龄结构逐渐从年轻型向成年型转换。随着高出生率时期出生人口逐步老龄化，老龄人口的数量在不断扩大，并于2000年进入人口老龄化社会（见表4.1）。

表4.1　　我国人口年龄结构变化

人口普查结果		1953年	1964年	1982年	1990年	2000年	2010年
各年龄组人口（%）	0～14岁	36.3	40.7	33.6	27.7	22.9	16.6
	15～64岁	59.3	55.8	61.5	66.7	70.2	74.4
	≥65岁	4.4	3.6	4.9	5.6	7.0	8.9
年龄中位数（岁）		21.7	20.2	22.9	25.3	30.8	37.0

资料来源：根据历次全国人口普查数据整理。

我国人口老龄化将伴随21世纪始终，其中，2030～2050年是人口老龄化最严峻的时期。根据有关人口预测，我国人口仍将继续保持增长的态势，于2025年到达峰值，约为14亿，此后逐渐下降，至2050年下降到12.96亿（图4.1）。同时，我国人口将承接20世纪80年代、90年代老龄化、高龄化态势，并且呈加速发展的趋势。到2050年，65岁及以上的老年人口将达到3.32亿，约占总人口的25.6%；其中，80岁及以上老年人口将达到0.98亿，约占总人口的7.6%（图4.2和图4.3）。总的来看，2030～2050年，我国人口总抚养比和老年人口抚养比①将分别保持在50%～70%和30%～50%，人口老龄化形势最为严峻。

① 人口总抚养比指人口总体中非劳动年龄人口与劳动年龄人口数之比。通常用百分比表示，说明每100名劳动年龄人口大致要负担多少名非劳动年龄人口。老年人口总抚养比指人口总体中老年人口与劳动年龄人口数之比。通常用百分比表示，说明每100名劳动年龄人口大致要负担多少名老人。

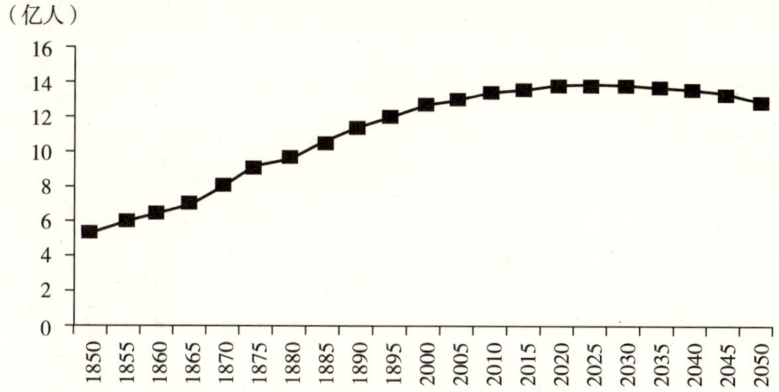

图 4.1　我国 1950 ~ 2050 年人口变化情况

资料来源：Population Division of the Department of Economic and Social Affairs of the United Nations Secretariat, World Population Prospects: The 2010 Revision①。

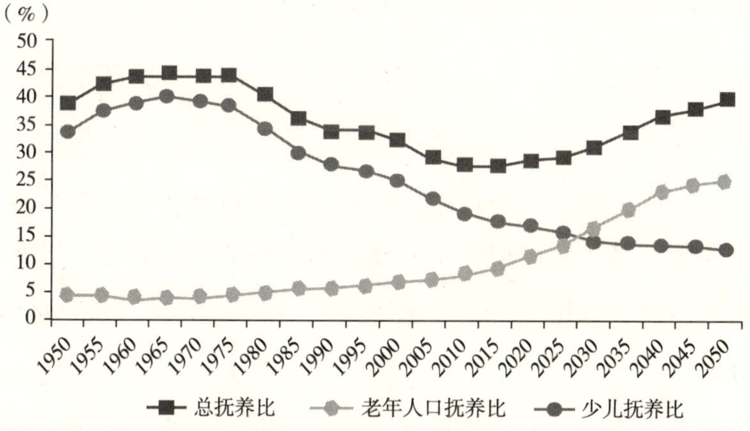

图 4.2　我国 1950 ~ 2050 年人口抚养比变化情况

资料来源：UN 2010。

① 联合国人口局每年从各国收集数据，并对该国的人口走势作出预测，以下图表如不作特别说明，均来自该机构的 2010 年人口报告，简称 UN 2010。

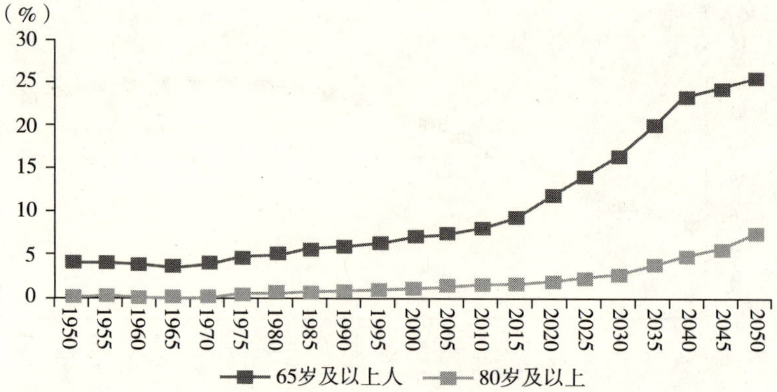

图 4.3　我国 1950～2050 年老年人口的变化

资料来源：UN 2010。

（二）人口年龄结构变化对消费的影响

从微观层面上看，理性消费者的消费支出与家庭整个全部预期收入相互联系，即每个家庭都是根据未来预期收入来安排自己的消费支出。因此，每个家庭在每一时点上的消费和储蓄决策都反映了该家庭希望在其生命周期各个阶段达到消费的理想分布，以实现一生消费效应最大化的企图。一般来说，在年轻时期，家庭收入低，但因为未来收入会增加，在这一阶段，往往会把家庭收入的绝大部分用于消费，有时甚至举债消费，导致消费大于收入。进入中年阶段后，家庭收入会增加，但消费在收入中所占的比例会降低，收入大于消费，因为一方面要偿还青年阶段的负债，另一方面还要把一部分收入储蓄起来用于防老。退休以后，收入下降，消费又会超过收入。因此，不同年龄的人在生命周期的不同阶段，消费在收入中所占的比例不是不变的。

与个体消费行为相对应，整个社会的消费和收入的关系也和人口年龄结构有关。当人口年龄结构是年轻型时，青少年占比例高，那么该国消费率较高而储蓄率较低；当其人口年龄结构是成年型时，这一阶段工作人口占比较高，则该国消费相对较低而储蓄率较高；当其人口年龄结构是老年型时，这一阶段老年人口占比较高，则该国消费相对较高而储蓄率较低；当人口年龄结构变化时，社会消费也将发生相应的变化，变化的最终结果与技术进步密切相关。在人均资本给定的情况下，当劳动力人口减少时，短期内导致节约出资本用于消费，社会总消费因此而增加。但从长期看，劳动力人口下降将降低总产出水平，从而导致人均消费下降。不过，适龄劳动力水平减少将会诱致技术进步，从而在一定程度上会抵消因适龄劳动力减少而导致的产出水平消费的降低。适龄劳动力人口减少对消费影响取决于这两种相反的效应何者占主导地位。就此意而言，对人口老龄化的负面效应不必过于悲观。

二、我国不同年龄群体的消费特点

消费者的需要和欲望随着年龄的增加而变化，不同年龄段的居民所消费产品的品种、品质与数量有明显的差别，因此，不同的人口年龄结构必然导致不同的消费结构，人口年龄结构变化将形成新的消费增长点。

（一）青少年和儿童消费的趋势和特点

青少年儿童消费市场对于扩内需具有重要意义。青少年儿童人口基数庞大，据最新人口普查数据，14 岁以下儿童数量约有 2.22 亿，而且我国已进入一个新的人口生育高峰期，2016 年前，人口增长将保持每年 1600 万人至 2000 万人的水平，人口基数为市场发展奠定了基础。青少年和儿童在服装、食品、药品、保健品等方面的消费属于刚性需求，庞大的人口基础为市场提供了持久动力，并且将来随着二胎政策逐步放开，可以明显提高婴儿和儿童消费品与服务的需求，与婴儿和儿童相关行业和产品，如奶粉、尿布、婴儿推车、儿童服装等明显受益①。

随着经济社会发展和技术进步，我国青少年儿童的消费呈现新的特点。

一是儿童和青少年的消费水平进一步表现出快速提高的趋势。我国城市家庭中孩子的消费水平高于成年人，尤其是独生子女家庭中，偏重子女的消费模式成为当今城市家庭消费的一个突出特点。中国社会调查事务所在北京、天津、上海三大城市的调查显示：9.8%的家庭少年儿童消费占全家总收入的 1/4 至 1/3；27.8%的家庭少年儿童消费占全家总收入的三分之一；35.6%的家庭少年儿童消费占全家总收入的一半；7.4%的家庭少年儿童消费超过全家收入的一半②。

---

① 王晓辉、徐炜、陶敬刚：《大消费专题研究报告之二：人口结构变迁下的消费趋势》，国金证券股份有限公司，2010 年 11 月。

② 辛平："中国少儿消费：提请家长关注"，《家教指南》，2002 年第 3 期。

二是在儿童和青少年消费结构中，发展性消费比重上升成为突出特点。随着社会生产的发展和家庭收入水平的提高，少年儿童消费结构正在发生着规律性的变化。例如，父母们对孩子的饮食安排，注重食物的科学配置，讲求食物及营养成分的合理搭配，而且父母舍得花费精力、财力为孩子创造更多的有利于身心发展的条件。再如，节假日带孩子旅游、参观，参加各种娱乐活动，使孩子增长了知识，开阔了视野，尤其是用于孩子智力开发、特长培养的投资比例大幅度增加，父母们不惜重金为孩子聘请家庭教师，或委托有经验的教师管教，或送孩子上高价私立学校、寄宿学校、特长学校。此外，教育产业化、适应社会人才竞争而必备的知识技能的学习、信息通信工具的添置与更新、休闲娱乐及社会活动的日趋丰富多彩等，都将在不同程度上刺激青少年儿童的消费，并成为他们消费生活中不可缺少的部分[①]。

三是随着互联网应用以及移动终端设备的普及，青少年和儿童教育和娱乐的数字化时代已然到来。随着互联网应用的快速发展与普及，现在的儿童已经迅速接受数字技术，截至 2012 年 6 月，我国约有 8960 万名 5 ~ 15 岁儿童上网，甚至 3 岁孩童都能够熟练操作 iPad，网上教育娱乐社交已不再是成年人的专属[②]。例如，2013 年 3 月份，腾讯宣布儿童网络社区产品《洛克王国》最高同时在线用户数达 80 万，季度活跃用户数 4400 万。与此同时，其以虚拟社区的魔幻世界为内容驱动，从线上延伸至线下电影、图书、教育、

① 辛平：“中国少儿消费：提请家长关注”，《家教指南》，2002 年第 3 期。

② CNNIC：《第 32 次调查报告：网民互联网应用》。

玩具等众多领域，全面发展儿童娱乐产业链[①]。

（二）中青年消费趋势与特点

中青年人群主要是70后出生的群体，他们热情奔放、思想活跃，富于幻想且具有冒险精神。这些特点反映在消费上，就是购买行为中趋向求新求美，追求时尚和新颖，喜欢购买富有时代特色的商品，来装饰自己和家庭，展现其现代化的生活方式[②]。

青年人群喜欢“感官型消费”，具有强烈“享受生活”观念的特点，并融入近年来风行的开放式、超前式的消费观念。一般来说，青年消费者有一定的经济来源和购买经验，加之没有较重的经济负担，所以购买商品的范围十分广泛，购买能力强，各种商品，不论高档、低档、一般、特殊，都是他们购买的对象。

青年消费具有明显的冲动性。由于人生阅历并不丰富，青年人对事物的分析判断能力还没有完全成熟，他们的思想感情、兴趣爱好、个性特征还不完全稳定，因此，在处理事情时往往容易感情用事，甚至产生冲动行为。这种心理特征表现在消费行为上，就是容易产生冲动性购买，在选择商品时，感情因素占了主导地位，只要自己喜欢的东西，一定会想方设法，迅速做出购买决策。首先讲究商品美观、新异，其次才注意质量、价格，而不能冷静地分析商品的各种利弊因素。

---

① “腾讯布局儿童娱乐市场《洛克王国》用户达1.5亿”，21CN科技网：http：//it. 21cn. com/game/a/2014/0415/15/26983228. shtml。

② 汪成业（2010），“中国典型的消费群体特点”，豆瓣网：http：//www. douban. com/note/91812219/。

中年人是家庭生活用品的购买者和决策者，中年人群是我国人数最庞大的消费群体，同时也是一个消费能力极强但又具有自我压抑特征的群体。在我国，中年人是家庭的经济支柱，一般处于上有老下有小的生活状态，经济负担较重，虽然经济收入较高，但直接用于自己的支出并不多，表现出明显的自我压抑倾向。中年人的理性消费远超过情绪性消费，计划消费远超过冲动性消费①。因此，中年人购物时不像年轻人那样注重时尚和浪漫，而是更多地关注商品的实际效用、合理的价格和简洁大方的外观。但是，另一方面，我国中青年群体又是奢侈品主要购买者。近年来，我国奢侈品市场消费占有率大幅增加，已成为全球最大奢侈品消费国。奢侈品的中国热，催生了国际品牌在中国市场的抢滩。世界奢侈品协会数据显示，目前，世界奢侈品品牌已有80%进入中国市场，除北京、上海等城市外，一些品牌已开始在中国的二、三线城市开设门店。我国奢饰品市场成长原因在于：一是中国经济高速发展所带来的财富积累。目前，中国已是全球第二大经济体，在可预见的未来，中国经济仍将保持稳定、快速的发展。二是中国传统文化对于奢侈品消费的认可甚至崇尚。同时，中国传统文化中的“面子”问题，促使很多人通过使用消费品包装自己、抬高身价。三是奢侈品具有投资价值。中国近十年来没有解决的重大问题之一，就是居民财富的管理问题，或者投资渠道问题，而这正是地产市场过热以及部分商品被热炒的原因。奢侈品本身就具有一定的稀缺性，稀缺性决定了奢侈

① “中年人消费心理分析”，百度文库：http：//wenku. baidu. com/view/59c36d5ff01dc281e53af02c. html。

品的投资属性[1]。

（三）老年人消费的趋势和特点

老年人是一个特殊的消费群体，老年消费者在生理和心理上同其他消费者相比发生了明显变化。

总体来看，我国老年市场的购买力正日益提高。老年人有长期的储蓄积累，用于自身消费的支出比例会越来越大；有相当一部分离退休人员为了发挥“余热”进行再就业，增加了一部分收入；老年人的经济负担相对较轻，因为其子女大多已长大成人，绝大部分能自己养活自己，老年人的收入很大一部分能够用于消费，这就在一定程度上提高了老年人口消费市场的购买力水平。而且，随着时间的变迁，老年人在消费观念上的转变也越来越快，现在有越来越多的老年人愿意为自己的健康和娱乐支出更多的花费。

从老年人口购买力的进一步发展趋势上来看，我国社会养老保险制度的建立与完善，将从空间与时间上较好地调节老年人的消费能力，使老年人的购买力保持稳定并有所增长。

随着老年人生理机能的衰退，老年人需求结构也发生了很大变化。在老年人的商品消费中，营养食品（以水果、蔬菜、肉类等生鲜食品为主）、医疗保健品的消费占有较大比重，价格一般不会成为老年人的购买障碍，尤其对于一些身体状况较差的老年人来说，健康无疑是他们关心的头等大事。

---

① 王劲松、刘国旺（2012）：“中国奢侈品年消费总额跃居全球第一”，人民网：http：//finance. people. com. cn/GB/70846/16925779. html。

老年群体追求实惠，价格敏感度高。追求价廉物美是人们普遍的消费心理，对老年消费者来说，这一点表现得尤为突出。老年消费者退休后，收入有所下降，他们消费不像青年人那样富于幻想，而是常常把商品的实用性放在第一位，强调质量可靠、经济合理和有利于身心健康，至于商品的品牌、款式、颜色和包装是其次的。可见，商品的性能与价格，是老年消费者购物时最关注的因素。

需要指出的是，老年人口的精神需求对消费结构的影响日益加强。从历史上看，老年人口最初以四世同堂作为最大的精神安慰，在“文革”以前，老年人口以自己日常的高风亮节和榜样作用作为追求的精神目标为满足。但随着社会经济的发展和文化的进步，老年人口已不仅仅以社会和亲属及后代的颂扬为尺度，他们有了自己新的和时代的精神追求，雕塑、盆景、艺术珍品、书法、乐器、收藏、模特表演、品茶、逛市等。老龄文化已成为他们精神需求的主旋律。老年人口新的精神需求有两个特点：第一，它是老龄人口全部需求中的高层次需求，以休闲、洒脱、欢悦的心境来面对他们的内心世界；第二，它往往与某种心理需要结合在一起，在同一消费品上满足多种需要。可以说，不仅中青年人口需要情感，老年人口更需要精神世界的充实和调整。

总之，老年人在医疗保健、食品、服装、旅游、娱乐、养老等各方面有大量需求；老年人的价值观、消费观与生活方式在不断更新，其消费需求正在向高层次、高质量、个性化、多元化的方向发展，花钱买健康、买年轻、买舒适、买享受、买方便等正成为生活追求。

尽管随着社会经济的不断发展，城市化程度不断提高，社会保障制度不断完善，包括农村老年人在内的大多数老年人的经济收入会逐步提高，经济来源会有所保证，但是我国老年人的经济保障能力仍然较弱。老年人总体经济保障状况改进主要体现在城市中老年人身上，原因是城市老年人的经济来源比较广泛，其渠道包括老年人储蓄、再就业收入、退休金、养老保险金、医疗保障、社会福利、子女赡养费、投资收入等，而农村老年人的收入来源则主要由子女提供的赡养费以及劳动收入。总体上看，我国老年人自我经济保障状况仍不能乐观，收入水平相对仍然较低。因此，老年人大部分支出用于购买食品和医疗保健用品、中高档商品；用于穿、用方面的支出则相对减少，受消费流行的影响也甚少。

三、不同年龄消费群体面临的问题

（一）需求侧问题

一是我国青少年与儿童消费存在误区。经济的发展，促进了家庭消费观念、消费结构的变化和消费水平的提高，满足了青少年儿童不断增长的消费需求，对他们的身心发展产生了积极的影响。然而，由于一些家长认识的偏颇、传媒的误导，以及一些厂家的唯利是图，在一定程度上将少年儿童消费导入误区，有意无意之中损害了孩子的特殊利益。这种误区表现为盲目消费和炫耀消费。

二是家长溺爱、攀比的畸形消费心理，是儿童不当消费行为的关键因素。例如，在独生子女家庭中，一些父母将孩子摆在家庭的中心位置，把尽可能为孩子提供优越的物质生活享受视为爱孩子的标准，认为“孩子花钱越多越好，东西越新越好，档次越高越好”。所以，孩子要什么就买什么，一些近乎无理的要求也无条件地予以满足。这样对孩子溺爱的结果，不仅造成财、物的浪费，更使孩子滋生不良的思想，形成以我为中心的思维方式和行为模式，对孩子的健康成长产生不利影响。

三是中青年人群中存在过度消费现象，尤其是对奢侈品的过度追求。在中青年人群中，存在很多消费者超出自身经济条件超前消费或过度消费的与经济发展水平不相适应的消费现象。这种消费为了提前享受，或为了追赶潮流，或为了某种虚荣，往往超出自己经济承受能力的限度，超标准地提高自己的生活档次与购物水平，是一种不利于可持续发展、影响社会和谐并殃及子孙生存权利的消费模式。

四是老年人群的潜在消费需要难以转换为有效消费需求。从理论上看，我国老年人的消费需求总量很大，养老服务市场和老龄产业发展前景广阔，然而实践中，养老服务业或老龄产业的发展却迟迟不能打开局面。究其原因，是我国老人的收入水平较低。老年人的有效需求取决于两个方面：一是老年人的收入水平；二是老年人的消费倾向。与社会保障制度较发达的国家相比，我国老年人的稳定收入来源有限，除了城市里生活的老年人基本上有比较稳定的收入外，那些生活在农村的大量老年人大多数都没有稳定的收入来源。从老年人的收入来源及构成来看，来源于子女和亲属占了相当高的比例。我国城市老年市场的购买力已经积累了相当高的水平，但农村老年消费者的购买力水平与城市老年市场的购买力水平相比，还有一定差距。

（二）供给侧问题

一是我国产业总体仍呈现小、散、乱局面，企业实力弱，市场自我约束和规范能力较弱，品牌集中度低，不仅增加行业发展的不确定性，影响企业的健康发展，而且市场监管与统筹难度加大。无论是与青少年和儿童有关的产业还是老龄产业，其产业链缺乏成熟的模式，普遍是摸着石头过河，或者照搬国外的模式。例如，从产业模式来看，国外的网游动漫产业，衍生品、线下收入占很大比例，但国内的这部分收入却可以微不足道。此外，很多行业经营者违规经营，缺乏诚信，失去了消费者的信赖。例如，我国青少年儿童产业与国外企业相比，缺乏公信力，难以在竞争中取胜。儿童产品不同于其他产品，缺乏诚信造成的信任危机更加难以挽回，因为没有人会去拿孩子的安全和健康试错，因此，宁愿多花钱购买国外产品①。

二是现有产业结构不利于老年人消费。与发达国家相比，我国对于老龄产业的研究和开发存在着明显的差距，现有产业结构明显不利于老年人消费，“银发消费”市场还明显处于卖方市场的初级阶段，成为整个市场经济发展的短板，吃、穿、住、用、行等相关产业都不符合老年人实际需求。在吃的方面，老年人需要营养结构更加科学合理、易咀嚼、易消化的食品，但我国老年食品的种类较少、可选择性很差，并没有形成专门的老年食品工业体系；在穿的

① “投资儿童文化创意产业的机遇与风险”，百度网：http：//wenku. baidu. com/link? url = f8yaF8LdvrUumnWnjJFjoEpIbqmzpLp8i_miuxrdXlUXtsEJebj58fzuBHTHpoBlhPT358Ws2tj0hRl-jXnToo7mDBMYHxwSXy4pcG6rDMu。

方面，老年人要求面料舒适、款式合体、穿脱方便的衣物，而市面上的老年服装颜色灰暗、式样陈旧、款式稀少，无法满足老年人对服装的功能要求和审美要求；在住的方面，老年人在出行、休息、如厕、辅助设施、与子女同住等方面都有与其他年龄段不同的要求，但现有住房供应绝大多数没有考虑老年人的相关需求，也缺乏针对老年人专门开发的房地产项目；在用的方面，老年人需要方便、易用、好操作、不复杂的用品，家庭用品市场缺乏针对性的产品开发；在行的方面，老年人寻求便捷、舒适、不拥挤、性价比高的出行方式，目前也缺乏针对性的产品和服务。此外，由于身体素质、协调性和思维能力等方面的下降，老年人需要更完善的医疗、保健、家政、护理、咨询等方面的服务，现在的服务性行业离老年人的实际需求存在较大差距。

三是我国的养老产业还处在被社会逐步认识和起步阶段，养老服务业的现实需求与养老服务业的供给存在着明显的矛盾。例如，按照我国1.6亿老年人口，5%的老人需要入住养老机构来计算，我国将需要800多万个床位；而我国有各类老年人养老服务机构4万余个，床位只有280万个，与800万个床位相比，差距太大。

（三）体制机制问题

一是行业监管机制不健全，导致产业发展难以满足要求。以养老服务业为例，我国养老缺乏行业标准和市场规范，养老服务业发展处于无序状态。我国尚未制定养老服务机构资质认证标准，审批管理制度存在缺陷，缺乏严格的行业进入许可，由此导致养老服务机构设施良莠不齐，管理、服务水平高低不一，市场秩序比较混乱，从而影响到养老服务业的健康可持续发展。

二是养老保险名义账户制度给“银发消费”带来潜在影响。所谓“名义账户”，是指养老保险金计入个人账户后并没有真正用来投资和资金累积，而被用来支付现在退休人员的养老金，因而没有事实上的积累，也叫空账户。现在我国养老保险个人账户的空账规模已达惊人程度，根据社会科学院专家估算，2011 年城镇基本养老保险个人账户“空账”已经超过 2.2 万亿元，较 2010 年增加约 5000 亿元①。养老账户“做实”依然是个棘手的问题，地方试点推进缓慢，目前尚没有在全国范围内“做实”个人账户的时间表。个人账户长期空账运转极有可能危及将来养老基金的收支平衡，导致在人口老龄化高峰期出现支付危机，实际相当于提高了年轻劳动人口的未来税负水平，而空账也使得资本的累积和增值变成空中楼阁，从而丧失投资基金制的主要优势。更为重要的是，养老名义账户会对老年群体的消费产生潜在影响，使老年人丧失安全感，为了预防未来可能出现的养老账户风险而增加储蓄、减少消费。

三是消费者权益保护不足也限制了各个年龄群体的消费。目前，我国消费者保护方面存在的问题主要体现在以下方面。

①许多自然垄断、行政垄断部门，特别是提供半公共物品的部门如通信部门，铁路、民航、航运等交通运输部门，供水供电供热供气部门，教育、金融、医疗部门等无视消费者的权益，无视相关法律规定，或本来就因为相关的部门法规是“恶法”，是不平等的

---

① 王茹：“积极应对老龄化，扩大‘银发消费’市场”，《中国经济时报》，2012 年 8 月 24 日。

“霸王条款”，而相应的“良法”建设没跟上，侵犯消费者权益的现象严重。

②不少厂商缺少以顾客为本的真诚，不讲诚信，唯利是图。既有出售假冒品牌甚至伪劣产品的行为，又有引人误解、夸大其词的虚假宣传以及违背消费者意愿或附加其他不合理条件的销售行为等，如建立在单方面解释游戏规则基础上的循环式消费陷阱。而且，当消费者主动维权时，不少厂商虽不公然拒绝，但“巧妙”设置障碍环节太多，门槛过高，刻意加大消费者维权成本和难度，以此达到让许多消费者望“难”生畏，主动放弃维权的目的。

③随着互联网的日益普及与功能的完善，网络已日渐成为人们特别是年轻人的购物场所。与传统购物方式相比，网上购物具有拓宽消费渠道、增加获得信息的途径、更加方便快捷、降低消费成本等优势，因此，通过互联网完成的交易与日俱增。然而，由于网络空间的虚拟性，它具有不同于有形市场消费的特点，在网上购物发展过程中出现的种种损害消费者权益的情形，给现行消费者权益保护法律体系带来了严峻挑战。如何实现对网上购物活动的有效监管，保护消费者合法权益是工商行政管理部门面临的新课题。

④金融消费者权益保护相关法律制度缺失。目前，我国没有针对金融消费者保护的法律制度，对消费者保护的法律条文只有《消费者权益保护法》，该法只对实物产品的消费者进行保护，没有涉及金融产品的保护。实物消费品同金融消费具有较大的差异性，如金融消费具有受托责任等。其他的法律法规，没有或很少涉及对金融消费者的权利保护。

⑤由于消费者相比于厂商信息严重不对称，维权意识和能力较

低。消费者了解商品信息、法律条款以及自身权益的途径较少，不少消费者特别是广大农民（包括进城务工人员）和下岗职工及老年、少年消费者这三类“弱势群体”维权意识和能力更低。他们或不懂如何投诉维权，不能有效获取证据，或缺少维权的必备经费支持，往往受害最多。

四、政策建议

一是引导青少年和儿童群体的消费。家长和教育工作者应该提倡科学、适度的少年儿童消费观。在满足孩子消费需求的同时，要加强对少年儿童勤俭节约、吃苦耐劳等良好品德的培养，以及独立生活能力的锻炼等。

二是大力发展青少年和儿童群体消费产业。加快青少年儿童行业整合和升级，鼓励产业创新，大力发展少年儿童文化创意产业，提高该产业的文化内涵，挖掘青少年儿童消费产业的巨大能量。

三是加大儿童消费市场监管力度。严厉打击生产、销售假冒伪劣和有毒有害产品的违法经营行为，特别要对膨化食品、儿童饮料、油炸食品及儿童小食品等进行全面清查。强化对图书、音像制品销售单位的检查，防止不合格产品和有害学生身心健康的文化用品流入市场；对游戏厅、网吧进行一次拉网式检查，杜绝未成年人进入，营造放心的娱乐环境；检查儿童玩具的质量安全和包装标识。

四是要完善社会保障体系，扩大养老等各类社会保险覆盖范围，提高统筹层次和保障水平，落实好各项保障措施和救助机制。坚持广覆盖、保基本、多层次、可持续的方针，加快推进覆盖城乡居民的社会保障体系建设，稳步提高保障水平。实现新型农村社会养老保险制度全覆盖。完善实施城镇职工和居民养老保险制度，全面落实城镇职工基本养老保险省级统筹，实现基础养老金全国统筹，切实做好城镇职工基本养老保险关系转移接续工作。逐步推进城乡养老保障制度有效衔接。

五是做实养老账户，提高老年人消费倾向。在保证基本养老金安全的前提下，将市场化因素引入养老保险的资金累积和管理领域，提高资金收益率。扩大养老保险范围，将更多的年龄结构较轻的非公企业纳入养老保险体系，有效降低负担率。针对不同层次的养老保险，使用不同的税种进行累积和支付，提高个人和企业从工资中缴款的激励。各级财政给予必要支持，再适当动用现有的结余基金，甚至可以考虑将部分国有财产、土地或者房产有效私有化之后的部分收益通过债券等形式作为补充养老资金。

六是大力发展养老产业。加大对养老机构的扶持力度。在公益用地和建设用地中优先安排养老服务设施的建设用地，并减免所有养老服务设施建设的各项配套费。完善投入机制，积极引导各类资源进入养老服务业。加快公共财政对养老服务业的投入力度，将养老公共服务基建和服务费列入财政预算，建立养老公共财政投诉投入的稳定增长机制。金融机构应加大对养老产品生产企业、民办养老机构及其建设项目的信贷支持，适当放宽贷款条件，并提供优惠利率。对于规模较大、前景较好、市场急需的养老服务项目，财政部门应给予必要的贴息贷款和信用担保。从社保基金和福利彩票收入中划拨一块，成立养老产业发展基金，支持养老产业的发展。鼓励社会力量对养老机构捐赠。加快培育专业化服务队伍。主管部门要按照国家养老护理员职业标准的要求，制定培训计划，加强岗位培训，不断提高从业人员队伍素质。将养老服务技能培训纳入城乡就业再就业培训体系，建立专业性的培训基地，强化职业技能资格鉴定。在有条件的高校设立专门的养老护理专业，培养中高级研究和管理人才。

七是要建立健全养老服务业监管机制。加快制定并全面落实支持养老机构发展的法规和政策，建立健全养老机构的服务规范和管理标准，确保养老服务机构运营时有规可依、有章可循。严格行业准入制度，强化资格认证，规范市场运作，坚决打击非法运营的养老服务机构。加强运营监管，使养老服务机构按照规范运营。

八是加强消费者权益保护力度。首先要在研究如何建立更加有效的消费者权益行政保护体系的基础上，通过法律修改，借鉴其他国家的做法，完善消费者权益保护工作的综合协调机制。其次是完善网上购物消费者权益的保护。最后是采取有效措施加强对金融消费者权益的保护，维护金融消费者等弱势群体的权利。包括通过制定行之有效的法律维护金融消费者的合法权益，成立专门的金融消费者保护机构，加强金融消费纠纷处理机制建设，发挥舆论媒体的监督作用使金融机构以及金融产品公开透明。

执笔：李布

专题报告五
我国信息消费的现状、问题及政策建议

信息消费正成为拉动国内有效需求，推动经济转型的重要利器。2013 年 4 月 17 日，国务院常务会议将扩内需提上首位，首次明确提出要开发和培育信息消费等新的消费热点。此后，国务院印发的《关于促进信息消费扩大内需的若干意见》提出，到 2015 年，我国信息消费规模将超过 3.2 万亿元，年均增长 20% 以上，带动相关行业新增产出超过 1.2 万亿元。基于互联网的新型信息消费规模达到 2.4 万亿元，年均增长 30% 以上。

本文认为，信息消费是个动态的概念，随着信息通信领域的技术进步、产品更新、网络演进、应用创新等产业关键要素的变化，信息消费的范围应动态调整。信息消费是对基于互联网应用的新型信息产品和新型信息服务的消费。它呈现独特的网络属性、内容扩充、碎片化消费、产业关联等特征。未来的发展趋势将更强调基于网络融合、软硬结合和智能化的个性需求。我国信息消费市场规模不断增长，不仅对信息产业有直接的带动作用，还能带动其他产业的发展，更重要的是，随着技术的创新应用将催生更多新的产业形态。我国信息产品供给能力不断提升，终端基础高速攀升，产业体系日益健全。网络基础设施不断完善，信息消费的应用蓬勃发展，特别是电子商务广泛渗透，成为我国当前信息消费的热点。但是，我国信息消费中依然面临着供应侧、需求侧和发展环境三方面的突出问题，主要体现为：①供应侧的产品与服务的结构、类型和应用空间不够合理；②需求侧的消费需求和消费能力问题；③发展环境方面的基础设施、市场监管、网络诚信体系、消费者权益保护等问题。为此，本文最后提出从优化供给体系、提升消费能力、完善网络基础、加强市场监管、健全诚信体系和法律法规等方面促进我国信息消费健康发展的政策建议。

一、信息消费的内涵

（一）定义

信息论的创始人维纳曾说过：“要想有效地生存，就必须有效地拥有信息。”假如没有信息和信息技术，很难想象社会和经济将如何发展。可见，对于信息的消费由来已久。自 20 世纪 90 年代有学者提出信息消费命题以来，随着信息技术的高速发展，以及对社会经济文化带来的深刻影响，信息消费需求也日益多元化。由于信息的普适性和形态多样性，使得如何界定信息消费也一直没有统一说法。

经济学意义上的消费，是指居民和政府部门为满足个人或公共需求，在核算期内对产品或服务的最终使用。同理，我们认为，信息消费是消费的一部分，是指居民和政府部门对信息产品或信息服务的最终使用。

经过近年来的信息基础设施建设和新一代信息技术产业的迅速发展，“信息消费”的内涵也随之发生了变化，不再是局限在信息生产、信息传输、信息转化等基础层次，并逐渐呈现对基于互联网应用的新型信息产品和新型信息服务的消费。新型信息产品包括：智能手机、平板电脑、智能电视、IPTV 终端，不含功能手机和 PC 机；新型信息服务包括：移动互联网接入服务、信息内容服务、软件应用服务（不含语音服务、固网接入）。信息消费需求增长最快的部分是基于互联网的新型信息消费，主要包括互联网数据及接入服务、信息内容和应用服务、软件及其他服务、智能手机、平板电脑、智能电视、机顶盒等。

综上，信息消费是一个动态的概念，随着信息通信领域的技术进步、产品更新、网络演进、应用创新等产业关键要素的变化，信息消费的范围应动态调整。随着新一代互联网、云计算、大数据、物联网等的快速发展，云家电、智能穿戴设备、物联网、电子导航、智能安防设备等各类网络化终端产品的消费开始兴起，有望成为未来几年促进信息消费的又一支重要力量。

（二）特征

总体来看，信息消费有以下四个明显特征。

1. 网络属性是信息产品和服务消费的价值所在

从消费形态来看，信息消费多是依托网络发生，网络已经成为生产供给与信息消费的综合平台。一点接入、全程服务的网络属性是信息消费成长壮大的基础。信息消费具有独特的网络效应，信息消费的产品和信息服务的价值一定程度上取决于使用该项产品与服务的用户规模。信息消费和其他消费不一样，信息消费没有过剩，只有不断升级。一项产品和服务的价值越高，对消费者的效用和吸引力就越大。由于信息消费具有网络化的特征，导致线下消费向线上转移，这会使得信息消费对线下消费形成一定的替代，这是技术进步的必然。

2. 信息消费的内容具有较大的扩展空间

随着智能手机等终端的不断普及和移动互联等应用的逐步丰富，信息消费内容更加广泛，从硬件到软件，从语音到数据，具有极大的扩展空间。从通信业务的信息消费内容来看，已从话音快速转向数据业务。目前，我国居民语音消费逼近天花板，非话消费占比已经超过50%，每年攀升3个百分点①。作为新兴信息产品消费的代表，智能手机广泛普及，将激发新一轮的大规模信息消费热潮，移动互联网已经成为信息消费增长的重要驱动力量，将不断催生新的信息消费内容。

3. 打破时空限制，碎片化特征使消费更加便捷、快速

从消费行为来看，信息消费多在消费者碎片化时间内实现，移动互联网的快速普及与发展，更加强化了这一特征。根据相关调查显示，近70%的网民在睡前手机上网，40%以上的网民在搭车、排队等情况下使用手机上网，39%的网民在卫生间手机上网②。地铁、

① 数据来源：工业和信息化部运行局统计数据。
② 资料来源：中国信息产业网。

机场、公交站，随处是看手机的人群，看报纸、杂志等纸媒体的人群骤减。

4. 产业关联紧密，具有强大的产业引领带动作用

信息消费的产业生态丰富，内在联系紧密。信息消费涉及的产业环节较多，产业链较长，从消费的网络关联性看，云、管、端日益融合，主要信息产品或服务的消费都经由这三个环节联动完成，信息产品与信息服务的消费是紧密耦合的。信息消费对产业链的贡献可以通过乘数效应、溢出效应和反馈效应三种机制得以实现，三者反映了所有信息消费对国民经济所有产业部门的传导机制，使之具有强大的产业带动作用。信息消费对信息产业有直接的促进作用，称之为“乘数效应”；信息消费对信息产业产生作用之后，信息产业通过产业关联作用于其他产业，称之为“溢出效应”；在“溢出效应”之后，其他产业通过产业关联反作用于信息产业，称之为“反馈效应”。

二、我国信息消费的现状分析

（一）信息消费市场规模增长迅速，对经济拉动作用逐步显现

1. 直接拉动作用

我国信息消费对经济的直接拉动就体现在购买信息产品和使用信息服务上。近年来，信息消费增长速度迅猛。从 2013 年 1 ~5 月

的数据来看，通信业务收入4658.8亿元，同比增长8.7%；软件技术服务消费4590.4亿元，同比增长25.9%；信息终端产品消费4019亿元，同比增长25.7%。笔记本电脑、彩电和移动通信手持机的内销量分别为2525万、3328万和20100万台。据相关机构保守估计，2015年，信息产品消费规模达到1.56万亿，信息服务消费规模达到1.61万亿，合计3.17万亿，预计年均增速达20%以上①。

2. 间接拉动作用

信息消费对经济的间接拉动则体现在，通过对其他行业的信息化，间接地促进了其他产业消费规模提升，既包括旅游、文化、养老等新消费热点，也包括了制造业、物流、农牧等传统行业。随着信息技术和信息产业的迅猛发展，形式多样的信息产品将更广泛进入到居民家中，信息消费逐渐显现出对社会经济很多领域的重要支持作用。进一步把通过信息化手段产生的数字化、网络化的娱乐、新闻各方面消费进行提升，不仅是对内需的推动，对城镇化、工业化、农业现代化的推动作用也都会很大。研究结果表明，信息消费每增加100亿元，将带动国民经济增长338亿元。据统计，2011年我国信息产业增加值2.6万亿元，占GDP比重5.5%，考虑到对总需求的拉动作用，对GDP增长贡献率为17%。预计到2015年，信息产业增加值将达到4.5万亿元，占GDP的7.4%，对GDP增长贡献率在20%以上②。未来，信息消费对于GDP增长的贡献还会不断增加。

---

① 数据来源：根据工业和信息化部网站数据整理。

② 数据来源：工业和信息化部电信研究院。

（二）产品和服务的供给能力不断增强，产业体系日益健全

近年来，我国已形成了支撑信息消费的完整产业链，在通信运营、互联网服务、网络设备、终端产品、软件开发领域均产生了一批有国际影响力和本土优势的优秀企业，为信息消费加速发展奠定了良好基础。我国信息产品供给能力不断提升，终端基础高速攀升。调查资料显示，2011 年末，城镇居民每百户拥有计算机的数量为 81.9 台，比 2000 年增加 72.2 台，增长 7.4 倍；拥有移动电话的数量为 205.3 台，比 2000 年增加 201.8 台，增长 57 倍。手机、计算机和彩电产量占全球出货量的比重均超过 50%，稳居世界第一[①]。

智能信息终端产品加快普及，日益普及的信息终端产品已成为信息消费的重要增长点和载体。在智能手机方面，2013 年上半年，我国手机产业抓住由传统手机向智能手机转型升级的机遇迅速崛起，智能手机产销量均跃居全球首位。以“中兴、华为、酷派、联想”为代表的国产品牌手机企业发展壮大，产销量跻身全球前十。2013 年上半年，国产品牌智能手机销量达 1.3 亿台，较 2012 年同期增长 115%，在国内智能手机市场的占比超过 60%，联想、华为、中兴等进入国内市场智能手机销量前五。在 IPTV 方面，2013 年 1～11 月，我国东、中、西部地区 IPTV 用户分别达到 1661.2 万户、475 万户、621 万户，占比分别为 60.3%、17.2% 和 22.5%。全国 IPTV 用户数前三的省份均集中在东部地区，分别是江苏、广

---

① 数据来源：国家发展和改革委员会高新技术司统计数据。

东、浙江，三省用户之和占比达到43.3%[①]。

在物联网终端方面，物联网终端业务发展较为均衡，东、中、西部地区物联网终端用户分别达到1899.6万户、482.7万户、717.4万户，分别比上年末净增412.9万户、97.6万户、344.2万户。重庆市的物联网终端用户比上年末净增184.1万户，成为增长最快的地区，用户总数达到327万户，仅次于江苏省排名第2[②]。

软件等信息服务的供给也稳固提升。据工信部数据显示，2013年1~11月，全国软件产业共实现软件业务收入2.84万亿元，同比增长24.8%。有效电子认证证书持有量合计239213234张，本月增加20368889张，环比增长9.31%[③]。

（三）网络基础设施不断完善，促进信息消费业务发展

网络覆盖范围不断扩大，网络能力不断增强，用户普及水平不断提高，为促进信息消费夯实了坚强的网络基础。历经多年发展，我国宽带用户接入速率整体提升，光纤接入和8M以上宽带用户比例突破20%。2013年1~11月，基础电信企业互联网宽带接入用户净增1822.1万户，总数达1.88亿户，同比增长11.3%，比上年同期回落5.9个百分点。宽带用户接入速率整体提升，2M以上、4M以上和8M以上宽带接入用户占比分别达到95.9%、77.4%、21.1%，比上年末分别提高1.6个百分点、11.6个百分点、5.2个百分点。光纤入户稳步推进，FTTH/0用户累计净增超1843.1万

① 数据来源：工业和信息化部统计数据。
② 数据来源：根据工业和信息化部相关数据计算整理。
③ 数据来源：工业和信息化部软件司统计数据。

户，用户总量达3881.2万户，占宽带用户比重由上年末的11.6%提升至20.6%[①]。

移动互联等新业务成为信息消费重要带动点。工信部数据显示，2012年全年我国信息消费规模已经超过1.7万亿元，相比2011年，增幅高达29%，占当年GDP比重达到3.3%，其中，新型信息消费规模为1万亿元，同比增长61%[②]。2013年1～11月，移动互联网接入流量达到11.86亿Gb，同比增长70.6%，创2009年以来增速新高，比上年同期增速提高30.5个百分点。手机上网流量占比提升至70.8%，月户均手机上网接入流量突破100M，达到100.3M。三家基础电信企业应用商店产品超过60万个，累计下载量超过8亿次。数据及互联网接入服务成为消费重点，其中，运营商移动数据及互联网业务收入同比增长55.8%，是增速最快的消费领域。移动数据业务等新兴业务已经成为拉动整个消费的重中之重。手机在线支付市场发展迅速，其网民规模在商务交易类应用中增幅最大。手机在线支付网民规模达到7911万，使用率提升至17.1%；手机购物网民规模达到7636万，使用率为16.5%[③]。

随着农村网络覆盖的逐渐普及，城乡一体化发展进一步扩大移动互联网发展的空间。农村移动互联网的使用在2013年已经超过PC上网，成为2013年新的转折点。2013年，国办印发《国家卫星导航产业中长期发展规划》，北斗卫星导航基于移动位置服务的优

---

① 数据来源：工业和信息化部运行局统计数据。

② "我国智能终端产业扶持政策逐渐利好"，中国行业研究网：http：//www.chinairn.com/news/20131225/142813898.html。

③ 数据来源：根据工业和信息化部网站数据整理。

势将更加突显，有利于在移动互联网领域的深入应用。

（四）电子商务广泛渗透，成为当前信息消费热点

国内信息消费的需求庞大，电子商务已成为人民群众日益增长的信息消费热点。电子商务交易活动已经广泛渗透到国民经济的各个行业。分行业大类看，2012 年电子商务交易规模最大的是计算机、通信和其他电子设备制造业，为 5081. 7 亿元；其次是批发业，为 4918. 6 亿元；汽车制造业排第三，为 2929. 8 亿元；第四是烟草制品业，为 2861. 0 亿元；排在第五位的是黑色金属冶炼和压延加工业，为 1572. 4 亿元[①]。据国家统计局调查资料显示，2012 年城镇居民人均交通通信消费 2456 元，比上年增长 14. 2%，比 2000 年增长了近 5 倍。在家庭信息化水平不断提高的条件下，网上购物以其产品丰富、价格实惠、购买便捷、送货上门等优点，已渐渐成为一种流行消费方式，引发了居民网络购物热潮。我国的网络购物零售额从 2004 年的 45 亿元增加到 2011 年的近 8000 亿元，年均增长 1. 4 倍，网上零售额占社会消费品零售总额的比重从 2004 年的 0. 08% 上涨到 2011 年的 4. 3%。与此同时，互联网零售进入线上线下融合 O2O 新阶段，不论实体零售还是电子商务企业都纷纷开展线上线下融合。2013 年 11 月，苏宁举办中国首届 O2O 购物节，活动期间，苏宁全国 1600 多家线下实体店平均每小时涌入 100 万人，苏宁易购同时在线人数突破了 1200 万。据有关部门预测，到 2015 年，国内电子商务在零售总额的比重将从目前的 3. 3% 增至 2015 年

① 数据来源：国家统计局。

的7.4%，年均复合增长率达到33%，电子商务将渗透至所有行业品类，市场价值突破2万亿元人民币[①]。

随着国内电子商务环境的不断完善和发展，智能手机的普及，手机上网、支付模式的逐渐成熟，网络购物变得更加快捷和普及。O2O等新业态、新模式不断拓展，直接带动了从业人员规模增长，截至2013年6月，电子商务服务企业直接从业人员超过220万人，由电子商务间接带动的就业人数已超过1600万人；同时电子商务的庞大需求也将继续拉动如物流快递业、网络模特、网店装修师、专职网店卖家等产业链相关行业的发展。

三、我国信息消费的前景

由于信息技术的不断创新与发展，信息消费未来可能孕育更多的新兴业态，迎来更丰富多彩的信息消费热潮。美国Gartner公司预测，未来三年里将有十大主要领域的技术在行业中产生重大影响，并拥有巨大发展潜力。十大主要领域有：移动设备的多样性及管理、移动APP和应用程序、万物互联、混合云和混合IT作为服务代理、云端/客户端的架构、个人云时代、软件定义一切、标准化的信息技术服务、智能机器、3D打印[②]。这些领域的说法与我国目前相关的提法也大同小异，主要集中在移动互联网、物联网、云

① 资料来源：根据相关电商企业网站公布数据整理。

② 资料来源：比特网，http：//net.chinabyte.com/31/12750031.shtml。

计算、智能终端和新兴软件服务的关键应用技术上，并更加强调个性化需求。

在个性化的需求方面，我们已看到未来信息消费的发展趋势将更加突出网络融合、软硬结合和智能个性应用方面。如 2013 年，众多互联网公司推出硬件产品，走硬件化路线。互联网电视、可穿戴设备等“软”“硬”结合产品不断出现。乐视 TV 超级电视后，小米电视、创维酷开电视以及各品牌电视机顶盒、智能手机的出现，使互联网与硬件的结合更为紧密，进一步推动了互联网“软”“硬”结合发展的趋势。果壳电子的“Bambook Smart Watch”、百度首个穿戴式产品“Baidu Eye”、康康移动智能血压仪、“360 儿童卫士”手环等，一系列可穿戴产品的出现，标志着又一轮产业发展新热潮的到来。信息消费将沿着智能性和便携性两个维度发展，未来甚至向可嵌入型演变。根据 IMS 研究公司的报告，到 2016 年，全球可穿戴计算设备市场的规模，将达到 60 亿美元①。

四、我国信息消费存在的突出问题

尽管信息消费潜力巨大，但其对扩大内需的作用尚未完全发挥出来。尤其是信息消费还有一些亟待解决的问题，主要表现为信息消费发展环境、供应侧和消费侧存在的突出问题。供应侧与需求侧实际上是一组需要不断动态平衡的要素，供给侧体现在产品结构、

① 数据来源：易观网，http：//data. eguan. cn/qitashuju_ 162814. html。

服务类型和创新应用方面，需求侧主要体现在消费需求和消费能力方面，而发展环境则是给供应侧和需求侧提供更合理的制度保障，主要体现在社会信息基础设施、产品和服务的市场监管、安全与隐私、消费者权益保护等方面。目前，无论是从自身发展的实际进程还是与发达国家相比，我国信息消费在这些方面均存在着一些差距。

（一）供应侧的问题

1. 信息消费的产品与服务结构性问题突出

我国信息消费的产业供给依然存在结构性问题。从区域结构上来看，我国信息消费的发展比较集中，同经济较为落后的西部地区相比，东部地区的发展速度要快得多，存在严重的区域发展不平衡问题。从产品与服务的形式上看，我国信息内容服务业还滞后于信息技术的应用和发展，与当前经济社会所处的阶段不相适应，也不利于推进信息消费的深化发展。通信、软件以及互联网服务在我国信息消费所占比重依旧较大，而广电传输、数字内容等在信息消费中所占比重较低，出现了严重的结构失衡状况。目前在欧美国家，信息内容服务业已经成为第一大支柱产业，远远超过了汽车、IT等传统产业；在日本，信息内容产业也已经跃居第二大产业。

2. 面向民生领域的信息产品与服务供给不足

民生领域消费仍处于起步阶段，2013年，我国数据处理和存储服务收入增长低于软件业平均水平1个百分点；互联网数据中心收入占电信增值业务收入不足2%；公共云服务规模增长不足基础设施投资半数。智慧城市建设大部分仍停留在城市交通、供水排水、电网环保等基础设施，而教育、医疗、社会保障等民生服务的数字化、网络化和信息化明显不足。

3. 新技术的规模应用制约信息消费供给广度

信息技术具有高渗透性、高辐射性和高带动性的特征，信息消费的供给侧不仅可以通过利用光线宽带、4G 技术、智能终端、云计算、物联网、北斗导航等新兴信息技术创新改善供给结构，还可以有力推动与信息消费相关的传统产品和服务的智能化、自动化和智慧化改造，从产业供给层面实现由“中国制造”到“中国创造”“中国服务”的转变。当前，这些新技术并未形成规模应用的态势，对国内信息消费的需求牵引不足。未来仍需针对云计算、大数据、卫星导航等热点不断培育新的服务形态，大力推进数字家庭的示范应用等，鼓励智能终端产品研发和信息服务的创新，通过创新供给才可以进一步引导消费。

（二）需求侧的问题

消费者作为信息消费的主体，在信息消费中起决定的作用，因为信息产品或服务如果不被最终消费者认可并实现交换与消费的过程，信息消费就无法实现。影响消费者进行信息消费的主要因素有消费需求和消费能力。

1. 信息消费需求受限于消费者信息素质

信息消费的需求层次与相应的信息素质相关。按照马斯洛的需要层次理论，信息消费属于高级需求，随着居民消费结构的高级化，信息消费的需求持续性将更加显著。由于信息消费是一种知识型和智力型消费，这就决定了信息消费需要靠消费者的智力支配。信息素质和技能越高，他们在接受技术含量较高的产品时，消费兴趣会更高。一般来说，学历越高，信息素质越高，而现在网民已经开始向低学历人群扩散。网民向低学历人群扩散的趋势在 2013 年上半年继续保持，截至 2013 年 6 月底，中国网民中小学及以下、初中学历人群的占比分别为 11.2% 和 36.3%[①]，相比 2012 年底均有所上升，尤其在初中群体中的升幅较为明显，说明中国网民向低学历人群扩散的趋势继续发展，初中及以下学历人群是中国网民的主要增长点。

智能终端的普及率和基于互联网的业务应用在某种程度上反映了信息消费的高层次水平。当前，智能终端、移动互联网与电子商务成为发达国家的消费热点。与发达国家相比，我国的信息消费层次存在较大差距。西欧、北美智能手机出货量占比分别在 2010 年和 2011 年超过 50%，英国、德国、韩国使用便携式设备上网的用户占比均已达到 50% 左右。我国尽管在 2012 年智能手机出货量占比也超过了 50%，但由于我国生产的智能手机很多出口，国内移动用户中智能手机普及率在 25% 左右，远低于发达国家 50% 的水平。因此，受网络、终端等限制而无法接入的人群和地区将无法体验信息消费带来的便捷和享受。

2. 信息消费能力仍受限于居民可支配收入

从消费需求看，信息消费根本上受经济发展水平和居民消费能

① 数据来源：中国互联网络信息中心（CNNIC）。

力制约。党的十八大报告提出了居民收入翻番的目标，要求进一步完善收入分配制度。这是扩大信息消费的长远的、根本的保障。同时也应看到，2000年以来，手机、电脑、互联网广泛普及，信息产品和服务在居民消费结构中的比重不断上升。特别是2012年，我国人均GDP突破6000美元。国际发展经验表明，人均GDP在6000~10000美元期间，经济发展将进入一个重要的发展起点，消费结构升级加速，发展型、享受型消费比重将不断上升，特别是对居民工作和生活有重大影响的信息消费将成为攀升最快的领域。信息消费在步入新型发展阶段的同时，也将面临许多瓶颈和问题。信息消费受制于居民可支配收入。我国人均信息和通信技术支出远远低于发达国家。根据OECD的测算，2012年，美国、日本、德国、英国和韩国ICT支出分别达到1.2万亿美元、3851亿美元、2274亿美元、2008亿美元和936亿美元，占GDP比重分别达到7.66%、6.46%、6.69%、8.23%、8.10%[①]。同期，我国ICT总产出占GDP的6%，剔除外销和库存，实际ICT消费支出会更低。特别是考虑到我国人口基数庞大，人均ICT支出水平与发达国家的差距会更显著。

（三）发展环境的问题

发展环境是整个信息消费发展所需要具备的社会信息化基础、市场监管、网络安全、消费者保护等制度环境，它是促进供给侧更优供给和实现需求侧需求的重要保障。

---

① 数据来源：经济合作与发展组织（OECD）。

1. 网络基础设施建设任重道远

与发达国家相比，我国在宽带普及率、网速、价格等方面均存在较大差距，但我国宽带的资费却数倍于美、日等发达国家。在宽带普及方面，目前，联合国发布的《2013 宽带状况报告：普及宽带》的报告显示，2012 年我国固定宽带普及率为 13%，全球排名 55；移动宽带普及率为 17.2%，低于全球均值 22.1%，全球排名 75。OECD 的普及率为 25.66%，我国宽带普及率仅为 OECD 国家平均值的一半，估计要 5～7 年才能赶上发达国家的一半，尤其是中西部和农村地区的宽带覆盖和普及任务仍很艰巨；我国 70% 的用户使用 4Mbps 的宽带接入，远低于发达国家 18Mbps 的主流速率，网络基础设施建设任重道远。为此，需要加快落实“宽带中国”战略，将网络基础设施建设放在促进信息消费的优先位置，各地政府落实政策予以支持推进；健全宽带网络监管制度，加强网间互联互通能力和质量，规范宽带市场竞争行为。在价格方面，国际电联（ITU）测算的固定宽带价格指数，我国为 3.1，而美国和日本分别仅为 0.6 和 1.1①。

2. 终端产品和信息服务的市场监管面临极大挑战

在信息消费的终端产品方面，依然存在着安全隐患，需要加强综合治理力度。智能终端出货量、用户渗透率大幅攀升的同时，手机服务消费过程中存在的吸费、恶意软件、个人信息泄露等安全隐患增加。

在信息服务消费问题上也存在着不少监管问题。一是宽带接入

① 数据来源：国际电联（ITU）。

价格偏高是很多互联网企业、个人消费者反映的突出问题；二是部分市场需求，如涉农应用等难以得到满足，网络盗版、非法传播、虚假信息、网络购物商品假冒伪劣等时有发生；三是在行政审批上，中小互联网信息服务企业面临行政许可审批多、准入门槛高、程序复杂问题，发展上面临融资难、创新保护制度不完善等困境；四是公共信息资源开放共享不足也是制约信息消费的问题。

3. 网络诚信体系不健全

当前，随着互联网特别是移动互联网的普及，网络攻击、信息窃取、网络谣言、隐私窃取、病毒传播等安全事件和违法犯罪活动频繁爆发，日益严峻的网络信息安全问题已成为社会各方普遍关注的问题。这些网络安全和个人信息保护的主要根源则是网络诚信体系还不健全，缺少第三方网站身份的验证机构，没有形成域名注册信息、网站信息、企业工商信息的三重对应验证的诚信体系。据相关权威部门最新调查显示，35.2%的网民对目前的互联网诚信状况感到不满，90%的网民曾被仿冒网站欺骗，44.8%的网民账号及个人信息曾被盗或篡改①。

4. 信息消费者的权益难以保障

随着信息通信产品及服务的普及，信息消费领域尤其是网络购物、互联网服务及通信服务领域的消费者权益问题尤为突出。在网络购物方面，近年来，网上购物类申（投）诉受理量以年均40%以上的升幅高速增长。其中，网络购物申（投）诉内容主要集中在

① 根据中国互联网新闻中心网站资料整理：http：//cn. chinagate. cn/experts/2013 - 07/30/content_ 29573189. htm。

网上经营者夸大商品性能、不履行约定或承诺、配送商品不及时、售后服务不到位以及网络购物商品存在质量问题等方面；在互联网服务和通信服务方面，互联网服务方面的投诉占总投诉的6.3%，通信服务投诉占总投诉的5.6%，分列投诉榜单的第三、第四位①。问题集中在互联网宽带接入故障、账单显示与实际消费不符、未定制业务却被扣费、经营者未经消费者同意擅自更改通信套餐业务等问题。

针对网络诚信、市场上涌现的关于网络购物、互联网、通信服务等大量的投诉，以及个人信息的泄密，网络支付安全的问题等，究其原因主要是目前我国网络管理法律基础薄弱，网络零售领域法律缺失、监管体系不完善，尤其是个人信息保护、网络信用、电子支付、网络消费监管等方面的相关法律法规不够完善。

五、促进信息消费的政策建议

2012年8月，国务院印发的《关于促进信息消费扩大内需的若干意见》中已明确提出，为有效促进信息消费，顺利实现发展目标，要着力从信息基础设施建设、增强信息产品供给、培育信息消费需求、提升公共服务信息化水平、优化环境五个方面推动。结合本文对我国信息消费现状、趋势、突出问题等方面的研究，我们将

① 根据中国互联网新闻中心网站资料整理：http：//cn. chinagate. cn/experts/2013 - 07/30/content_ 29573189. htm。

从供给体系、消费能力、网络基础、市场监管、诚信体系和法律法规等方面提出若干具体的政策建议。

（一）优化信息消费的供给体系

构建开放合作的产业体系，鼓励智能终端产品发展和软件业的创新提升。面向移动互联网、云计算、大数据等热点，加快实施智能终端产业化工程，支持研发智能手机、智能电视等终端产品，促进终端与服务一体化发展。支持数字家庭智能终端研发及产业化，大力推进数字家庭示范应用和数字家庭产业基地建设。鼓励整机企业与芯片、器件、软件企业协作，研发各类新型信息消费电子产品。支持电信、广电运营单位和制造企业通过定制、集中采购等方式开展合作，带动智能终端产品竞争力提升。着力提升软件业的信息服务支撑能力。加强智能终端、智能语音、信息安全等关键软件的开发应用，加快安全可信关键应用系统推广。

推进新技术新业务的应用，积极牵引信息消费的潜在需求。积极发展宽带接入、移动互联网、IPTV 等融合性服务，带动平板电脑、智能手机、智能电视等终端消费，带动网络支付、电子商务、云计算、物联网、网络文化、数字家庭等信息服务。加快实施“宽带中国”工程，推进下一代互联网规模商用和前沿性布局，推进三网融合，充分发挥下一代国家信息基础设施对经济社会发展的支撑作用。加快物联网、电子商务、移动互联网、社会管理信息化等应用平台建设，为信息消费和服务提供支持。鼓励社会资本投资信息产业，加快形成高质量、可持续的投资和结构层次高、带动性强的消费。

（二）实施信息消费鼓励与资助政策

作为一种新兴的消费方式，在国内外尚没有一套发展成熟的可借鉴的经验模式。我们可以选择一些发展较早、相对成熟的领域以及有自主知识产权的技术和产品进行试点，对试点项目通过财政补贴、税收返还、专利申请等各种措施给予支持。建议重点发展移动互联网、物联网、手机电视等新应用，引导智能手机、智能电视等终端消费，加快网络购物、网络支付、电子商务等信息服务发展。政府、央企要鼓励在线办公、视频会议等新的工作方式。加强对运营商的监管，开展针对固定宽带、移动通信、Wi－Fi 等宽带网速的检查督查工作，提高宽带接入服务质量，提高宽带用户满意度。在产业政策和规划中，特别是铁路、航空、金融、商业流通、石油、电力、钢铁等重大产业与行业的产业规划中，要将信息化和“两化融合”作为重要内容，予以考核。

对升级换代型信息产品如 3D 电视、智能终端的采购，可予以消费补贴或给予换购优惠。发展信息消费信贷，鼓励银行与企业合作，对消费者购买大额信息消费品发放消费信贷或实行分期付款。实行信息消费救济制度，对城市残疾人员、贫困人口、老年人以及偏远农村人口购买移动电话、计算机、电视机以及宽带接入服务进行补贴。

（三）继续完善网络基础设施建设

政府部门应增加投资力度，在提高信息基础设施建设整体水平的基础上，加大对广大西部地区和农村地区信息基础设施的投入，缩小城乡居民间信息基础设施的不平衡性。只有拥有完善的信息消费基础设施体系，西部、农村居民才能更有效地进行信息消费，进而推动我国信息消费整体水平的提升。

（四）健全信息市场监管体系

营造竞争有序、成熟稳健的市场环境，防止信息消费市场上的垄断行为，使消费者可以凭借市场提供的广泛选择，来摆脱经营者的“锁定”行为。在推进公益性信息资源共享的同时，政府也要注重运用政策手段和经济杠杆等来构建相得益彰的有偿信息资源消费市场。引入公平竞争机制，进行信息市场监管。放宽网络信息服务市场准入条件，通过市场充分竞争促进运营商提高信息服务性价比。有必要整顿电信等垄断经营行业的服务价格，提高定价透明度，避免居民在消费过程中被迫接受其不合理的“霸王”价格。规范信息市场的交易规则，建立完善的信息消费服务体系，为信息产业和信息消费市场的发展创造一个良好的环境，从而促使信息产品生产者和信息服务提供者提高信息产品及服务的质量，减少信息差，实现信息消费的最优化。

（五）构建第三方网络诚信体系

要加快培育网站身份第三方权威验证机构，通过对域名注册信息、网站信息、企业工商信息的三重对应验证，为网站提供第三方信用认证服务，从互联网应用的基础——域名管理上建立诚信体系。诚信保障体系的构建至少包括：网站真实身份第三方验证、网上交易信息加密保护和网站信誉等级第三方评价等。网站真实身份第三方验证解决了网民对网站的基础信任问题，属于事前预防；而网上交易信息加密保护则解决的是交易信息和私密信息安全问题，属于事中防护；而网站信誉等级第三方评价问题则是对网站持续经营行为的道德评判，属于事后监督。

（六）加强法律法规建设

加强信息消费立法。加大对知识产权保护力度，保障信息提供者和信息开发者的合法权益，从而激发信息供给的积极性。对信息生产方面的技术安全和技术标准进行立法，设置信息产品进入市场的科学门槛。加强信息网络法律法规建设，使信息消费涉及的隐私保护、资金安全、权益保护等行为有法可依，对信息犯罪、信息黑客、色情暴力信息提供者追究其刑事责任。

附录1　信息消费的内涵与特征——基于文献综述的研究

（一）国外研究综述

国外对信息消费的研究主要是从信息与消费、消费者的关系入手，联系当前的技术环境，分析消费行为对整个社会各个方面的影响，在信息消费的具体实践中研究得比较透彻，比如，网络消费、电视消费、媒体消费等，他们都有具体的分析数学和结论。代表人物及观点如下。

曼德·劳米（Naomi Mandel）和约翰逊·艾瑞克（Eric J. Johnson）在《当网页影响决定时：视觉对专家和新手的不同影响》中认识到，在网络环境下各种网页的图片、颜色、背景等视觉效果对消费者选择有显著影响，这种视觉又驱动消费者作出决定。

莱特·贝蒂（Betty Wright）在《传统工具是浪费的》中认为信息驱动21世纪，如果我们现在不改变信息消费习惯，我们就不会为子孙后代留下信息。文章认为，未来的趋势是公共关系和互联网更广泛的使用，每个市场必须建立在将来的信息消费和消费者定购模式基础上。在消费市场中，消费者研究依然是关键。我们在使用多样化的媒体传播信息时，增加了提供信息者与信息使用者、信息消费用户接触的程度，而我们从提供最好信息消费需求的媒体中受益。

朗特·彼特（Peter Lunt）和莫尔·丽兹（Liz Moor）在《虚拟消费者：扩宽了网上商店的范围》中认为，发展消费理论必须考虑电子商务的发展。信息消费不具有竞争性，不能排除信息的使用，因为信息没有物理界限，其复制和传播相对成本低。

约翰逊·艾瑞克（Eric J. Johnson）在《数字化消费者研究》中分析了信息技术的广泛扩散对消费者研究的改变。

卡莱曼（Kellerman）在《信息社会》中认为，信息社会主要由两部分组成：产品和消费。一个特定国家的信息社会并非一定要使其产品和信息消费都处于高水平。信息消费的高标准在硬件、软件和信息追求中有所体现。因而，高水平的信息消费及信息手段有可能作为一种可取的广泛的通信方式被表现出来。高质量的信息消费可以通过软件买卖来测量，或通过国内和国际电话的数量和线路长度来测量，还可以通过连接上的有线电视家庭比例来测量。文章还认为，信息经济不仅仅是关于商品买卖和在市场上出售的信息，大量的信息事实上是在国内生产，并且在许多组织中消费。

诺顿（M. J. Norton）在《发展中的信息经济学：对数字革命的反映》中认为，数字革命带来了政策和发展问题，提出信息经济学在数字世界中必须发展新的理论。

沃特曼·约克（York Auterman）在《信息技术对发展世界的政治影响》中，指出全球化是导致信息的全球化、信息消费市场的全球化。政府不再对信息垄断，信息消费是需求驱动而不是供给驱动。

史密斯·琼纳森（Jonath M. Smith）在《活跃的网络：2020 前景》中认为，信息消费的前景受到限制，与网络表现的活跃性不一致。当前的问题是怎样传递给信息消费者正确的信息，摆脱消费者自身的限制。

Spreng 和 Olshavsky 认为，信息消费是对信息的感觉（Sensation）、理解（Perception）和整合（integration），史葛 J. 塔卡克斯（Scott J. Takacs）进一步指出，信息消费是一个复杂的内部过程。

此外，将信息不对称思想引入信息消费研究是近年来国外学术界的一个方向，按照信息消费包括消费主体、消费客体、消费环境三大要素的思想，主要有以下几种类型的研究成果。

①产品（消费客体）差异与信息不对称差异的规律研究。重点研究产品生命周期与信息不对称度的差异分析。一般来说，市场较为成熟，竞争公平、信用记录制度健全，买卖双方的信息披露较为充分，产品的信息不对称程度较小。

②作为消费主体的消费者与信息不对称关系的研究。这其中又

有两个不同的视角与研究路径。一是消费者知情权与信息不对称的关系研究。现实消费市场上，消费者常常是交易中的信息弱势方，这是导致消费市场信息不对称的基本原因之一。从消费者的知情权入手，让消费者获得应有的消费知情权，有效行使知情权，是一种改进消费市场上信息不对称状态的有益探索。二是消费者效用与产品质量信息不对称的研究。

③作为消费环境重要的方面的技术和制度与信息不对称问题的研究。目前主要有两种研究思路：一是通过激励机制设计、合约制度和博弈制度规则来研究降低交易双方的信息不对称度。二是沿着从信息技术进步——信息成本降低——信息不对称度变化的思路寻求不对称的问题解。

我们看到，国外学者对信息消费的认识比较模糊，也没有明显的界定，没有把信息消费上升到与传统物质、能源消费受重视的程度。尽管信息消费随处可见，其理论问题及用何种知识加以阐释还没有统一的认识，这说明对信息消费的理论问题研究的必要性和急迫性。只有让信息消费有坚实的理论基础，信息消费才可能更大地发展。

（二）国内研究概况

国内对于信息消费的研究最早始于郑英隆（1991）的《信息产品消费的运行系统》一文，在研究信息产品消费的运行系统过程中，其首次提出了信息消费一词，但没有给出定义和解释。他所研究的信息产品消费实质上就是信息消费，只是还没有正式用信息消费来表述而已。他认为，信息产品消费就是消费者对于信息产品进行内容吸收和利用的活动。此后，郑英隆（1994）在《信息消费论纲》中给信息消费下了两个定义，一个与信息产品消费的定义完全相同，也说明他先前提出的信息产品消费就是信息消费。另一个定义则认为，信息消费就是社会各种类型决策者将现有的有关决策的信息进行消化吸收，并通过若干转换加工形成行动方案决策或思想决策的过程。

继郑英隆之后，贺修铭（1996）在《信息消费概念的确立及其理论基础——兼论信息消费学的建设》一文中，从“大情报”观的角度出发，提出了信息消费的概念。他认为，信息消费是信息消费者获取信息、认知信息内容和再生信息等基本环节所构成的社会活动。作者将信息消费划分为生活信息消费、学习信息消费、科研信息消费和决策信息消费四个层次，并从“大情报”观的角度出发，归纳了信息消费研究应该展开的十大主题，目前看来依然不过时，其中仍有些是研究的主体和热点。

邓胜利在《21 世纪信息消费发展新阶段及障碍研究》中，探讨了信息消费的内容，总结了信息消费的发展特点，并分析了信息消费发展中的障碍问题，进而提出了一些具体措施。

沙勇忠等从消费对象活动出发，认为信息消费是直接或间接以信息产品和服务为消费对象的消费活动。

张同利具体到就居民消费支出的构成进行分析，认为其中的医疗保健、交通通信和娱乐教育、文化服务三项支出之和应当是信息消费的主要内容。按照马克卢普的分类方法，医疗保健项目不包括药品和器械支持，其中，外科医生的劳动只按 50% 计算。

朱红等认为，信息消费是在一定信息消费环境下，信息消费者为满足信息需求，对信息产品与服务进行以精神消费为主的消费活动，并认为，作为消费信息内容所必需的信息工具应纳入信息产品消费范畴。

蒋文峰等着眼于消费主体的行为，从消费主体的需求目标出发，认为信息消费是指生产、生活中，消费主体在信息需求的引导下消费信息产品及服务从而得到满足的消费行为。这包括信息本身的收集、加工、利用及其相应的信息设备的选购、使用等。

金燕将信息消费过程概括为信息需求、信息获取和占有、信息吸收和处理、信息创造四个基本阶段。

沈小玲认为，广义的信息消费包含文化消费、媒介消费、教育消费等；狭义的信息消费是以信息产业提供的信息产品和服务为消费对象的消费。由于信息商品具有与物质商品不同的属性，信息消费也就有自己的特点。

此外，国内也有学者从消费品交换形式的角度将广义信息消费界定为，既包括以商品交换形式又包括以非商品交换形式进行的商品获取和利用活动。

附录2　国外促进信息消费的主要做法及启示

（一）全球信息消费的主要进展和特征

1. 全球信息消费的主要进展

（1）信息消费需求不断攀升

国内外对信息消费的定义没有统一标准，广义的信息消费包括居民生活性消费、企业生产性消费、政府等公共服务性消费三部分。狭义的信息消费不包括企业生产性消费，主要指居民的信息消费，分为居民信息产品支出和信息服务支出两大类。其中，信息产品主要包括智能手机、个人计算机、平板电脑和智能电视等；信息服务包括通信服务、网络接入、信息内容和应用软件等。结合国情和产业形势，我们认为，信息消费是指居民和政府部门对信息产品或信息服务的最终使用，基于互联网应用的信息服务是新型信息消费的核心。

由于各国统计体系和口径不同，难以准确比对各国信息消费现状。OECD 统计的 ICT 支出是总需求的概念，包括居民消费和企业对最终产品与服务的投资，其范围和口径比我国狭义信息消费要大很多，但可看出信息技术产品和服务需求处于不断快速增长，在国民经济中作用不断加强的总趋势。

从 ICT 支出看，发达国家信息消费支出占比相对较高。信息技术相关产品和服务①（ICT spending，ICT 支出）日益成为主要国家新的需求热点，总需求不断攀升。根据 OECD 测算，从 2008 年到 2012 年，全球企业和消费者对 ICT 需求规模由 3.63 万亿美元增长到 4.41 万亿美元，与 GDP 的比值由 5.91% 提高到 6.14%，其中，居民消费规模为 1.44 万亿美元。2012 年，美国、日本、德国、英国和韩国 ICT 支出分别达到 1.2 万亿美元、3851 亿美元、2274 亿美元、2008 亿美元和 936 亿美元，占 GDP 比重分别达到 7.66%、

① 数据来源：OECD Internet Economy Outlook 2012，此处使用的为 ICT 支出（ICT spending），包括企业和消费者在计算机硬件、计算机软件、计算机服务和通信几方面的支出。

6.46%、6.69%、8.23%、8.10%[①]，呈增长态势。同期，我国ICT总产出占GDP的6%，剔除外销和库存，实际ICT消费支出会更低。特别是考虑到我国人口基数庞大，人均ICT支出水平与发达国家的差距会更显著。

（2）发达国家信息消费层次较高

从典型信息产品和信息服务的消费数据看，发达国家信息消费层次较高。当前，智能终端、移动互联网与电子商务成为最为发达国家的消费热点。西欧、北美智能手机出货量占比分别在2010年和2011年超过50%，英国、德国、韩国使用便携式设备上网的用户占比均已达到50%左右。我国尽管在2012年智能手机出货量占比也超过了50%，但由于我国生产的智能手机很多出口，国内移动用户中智能手机普及率在25%左右，远低于发达国家50%的水平，差距意味着未来的潜力。此外，在网络购物方面，根据OECD统计，英国、德国在线零售占零售总额比重均超过10%，美国占比超过6%[②]。我国网络零售占零售总额的比重在2012年为6.3%[③]，这方面的应用并不落后，而且具有明显的后发优势。

2. 全球信息消费的特征

（1）消费电子产业和新兴互联网技术加速融合

全球正处于一个新技术、新产业加快孕育、融合的时代，物联网、云计算、移动互联网已经并且还将一直成为新一代信息技术发展的主要标志，这些技术的不断创新和完善，有力地推动了全球消

①② 数据来源：经济合作与发展组织（OECD）。

③ 数据来源：商务部网站数据。

费电子产业的快速发展。2013 年全球消费电子市场规模突破万亿，扭转了 2012 年同比意外下滑 1% 的颓势，未来的发展前景依然让人感到乐观。现在全球消费电子产业已经进入到前所未有的互联互通时代。在新一代信息技术的引领下，智能化、云端化、轻薄化、高速化将是消费电子新时代的特征，“云 + 端”将成为全球消费电子行业发展的新方向，越来越多的消费电子产品也将在云端的发展推动下走向融合。互联网时代的到来颠覆了传统消费电子行业的发展模式，全球消费电子产业的原有体系将被重塑。在这种大的产业趋势下，消费电子产业与新兴互联网技术的融合是大势所趋。以往占据市场主导地位的纯制造商正逐步被边缘化，而以数据收集、处理为内容的云平台正成为主导整个产业发展的关键性力量。

（2）新技术创新应用不断催生新业态供给

随着新兴信息技术的创新应用，一些与生活息息相关的“信息消费”新业态不断涌现，将成为未来信息消费的热点。2013 年中国国际信息通信展览会上，来自中国大陆和香港、台湾地区，以及阿联酋、芬兰、法国、德国、印度、日本、韩国等 16 个国家和地区的近 500 家 ICT 行业参展①。4G LTE、大数据、信息安全、智慧城市、智能穿戴设备、3D 打印等相关领域的最新技术发展成果及科技创新产品亮相，让观众可以抢先体验这些与自己生活息息相关的“信息消费”新业态、新应用，如通过对话式语音搜索及自然语言描述的音乐搜索、让用户“自诊 + 健康咨询”的掌上医生、网络智能叫车系统、有声图片移动社区、手机 K 歌应用、e 家洁预约保

① 中国国际信息通信展览会（2013），http：//www. c114. net/topic/pt2013/。

洁服务、ISPIANO 钢琴教育——指示式钢琴学习机等。在智能终端领域，智能穿戴设备涵盖生活健康、信息咨询和体感控制全部智能穿戴设备领域的三大类别，包括智能手表、光学位置追踪系统（G－Motion）、智能蓝牙耳机、智能头箍、智能开关、运动追踪器等智能设备。

（3）信息消费对相关产业的改造提升作用明显

信息消费在产业供给方规模不断扩大的过程中，在经济发展过程中的战略性、先导性、引领性作用，对传统产业的改造、对传统产品的提升作用不断加强。目前，一些国家高档车中电子类产品价值的比重已经达到60%以上，如音响系统、自动导航、安全系统等都有信息技术的影子。未来信息化在制造业、农业中的作用会越来越强。

（二）主要发达国家促进信息消费的做法

本文将分析主要发达国家和地区在促进信息消费方面的做法，主要包括完善基础设施、促进市场竞争、培育产业体系和消费者保护等方面。

1. 韩国

韩国是亚洲地区的信息消费强国，之所以拥有如此地位，主要基于其坚实的网络基础、超前的技术部署、完整的产业体系和良好的消费环境。

（1）政府高度重视网络基础建设

在网络基础方面，韩国被认为是全球网速最快的国家，主要得益于韩国政府的政策支持。2009 年 8 月，韩国高速宽带网络用户总数已突破 1600 万，在平均传送速率和家庭宽带覆盖量方面均居世界首位，分别达到了 20.4MB/s 和 95%。早在 2004 年韩国提出了为期 6 年的宽带综合网络 BCN（Broadband Convergence Network）计划，计划到 2010 年前总计投入 2 万亿韩元建设遍及全国的通信网络，使最后一公里全面走向 FTTH。2009 年 5 月，韩国又发布“绿色 IT 国家战略”，斥资 4.2 万亿韩元用于宽带提速，计划到 2012 年底建成速率高达 1Gbps（125MB/s，相当于 5 秒钟下载一部 VCD）的“G 速互联网”。2010 年，韩国政府鼓励企业花费 34 万亿韩元约合 306.3 亿美元完成超高速宽带计划，这个数字大致相当于该国的年度教育预算[①]。

（2）技术部署超前

在技术部署方面，韩国信息消费的强大动力是企业、研究部门和消费者的支持，政府出台政策后，官、学、研会合作共同攻关，4G 技术的迅速普及极大地推动了韩国宽带全覆盖和速度提升。最新的 5G 技术就是由三星的研究团队突破的。企业为了竞争也竞相研发新技术、新产品。韩国手机一般签约 2 年，2 年后大部分用户都会更换手机，这种更新换代的速度促使企业不断创新。

（3）产业体系健全

在产业体系方面，韩国以形成拳头制造企业，并能与运营商开放合作为本国的信息消费提供完整的产品和服务。电信运营商和通信设备商在韩国信息消费中发挥着举足轻重的地位。目前，韩国三

---

① 根据韩国政府网站资料整理：www.korea.net。

大电信公司SK通信、韩国电信和LG UPlus都能同时提供互联网、电信网和电视网三网服务。近年来，韩国三星电子、LG电子等公司大力开发智能手机产品，并与电信公司合作加大促销力度，使得韩国智能手机用户率极高，进一步推动了韩国信息消费的发展。

（4）消费环境良好

在消费环境方面，韩国重视信息公开和个性服务。朴槿惠政府执政理念的核心是“政府3.0时代”为个人提供差异化一对多的行政服务。政府3.0版就是通过移动技术和大数据实现政府为个人提供差异化一对多的行政服务，并颁布《公开和使用公共数据的法律》，规定除了一些特殊情况，所有政府机构、公共机构的公众信息都必须公开，而且保障国民利用这些信息的权利。首尔市的“智慧首尔”的软件程序，让市民很方便地找到免费WiFi、图书馆、纳凉处、卫生间的位置，遇到市政问题还可以直接告知政府管理人员。一些企业和医院与药店合作，确定药品副作用、医院床位配置、流感防治等信息的发布①。

2. 美国

美国的信息消费得益于完善的信息化基础和完善的产业生态环境外，更为重要的是高度重视网络安全和消费者权益保护。

（1）网络基础的亲民化

在网络基础建设方面，美国发布的《数字政府：构建一个21世纪平台以更好地服务美国人民》，曾多次强调要使人民在任何时间、任何地点、通过任何设备获取政府信息和数字化服务。

---

① 根据韩国在线等网站资料整理。

（2）产业生态完善

在培育产业生态方面，美国不断出台刺激计划，希望借力超高速宽带提升未来互联网发展潜力和信息消费能力。2010 年，奥巴马承诺要使美国每一个家庭都拥有宽带连接并指定 70 亿美元（45 亿英镑）作为经济刺激资金，用于扩大贫困地区的宽带覆盖。2012 年 6 月，奥巴马签署一项行政命令，允许企业在高速公路修建期间铺设电缆线路，将宽带网络安装费用减少 90%。同时，将分布式云计算、虚拟化网络及对称千兆宽带等新应用进行整合，此举可将美国未来互联网速度提升至目前水平的 250 倍。另外，美国还计划建设“全球网络创新环境”的超高速宽带沙盒，还推出 US Ignite 计划，与 Mozilla、Juniper、思科、Verizon、康卡斯特及其他企业进行合作。在美国 25 个城市的战略区域研发出至少 60 个新应用，充分利用这些网络超高速的特性，所涉及的领域包括医疗、教育、清洁能源、制造、交通以及安全等①。

（3）网络安全预算和立法并重

在维护网络安全方面，美国通过增加网络安全经费预算和加强立法来保障信息消费的网络安全。《2014 年国防预算草案》中，美国总统奥巴马将五角大楼的网络安全经费大幅增至 47 亿美元，美国政府各部门的网络安全预算经费总额将达 130 亿美元（约合人民币 800 多亿元），比目前增加约 10 亿美元。由于美国互联网用户 27% 的上网时间用于社交网络，2013 年 5 月，美国一个政府工作小组正在酝酿一个法案，以方便美国联邦调查局（FBI）对社交网络

① 美国白宫网站：www. whitehouse. gov。

等直接进行监控，并对不合作的网络公司给予处罚。法案的主要目的是监控恐怖分子和其他犯罪嫌疑人的在线活动，若获得国会通过，并经奥巴马总统签字批准，法案可能成为美国1968年制定之《综合控制犯罪和街道安全法》的补充条款。此外，公司与地方政府全面合作，保护网络安全和隐私管理。2013年4月，Facebook宣布，将与美国全美总检察官协会（National Association of Attorneys General，NAAG）开展合作，为Facebook青少年用户及其家长提供与安全保护和隐私管理相关的更多信息和工具[①]。

（4）政府主导消费者权益保护

在消费者权益保护方面，美国政府仍是主导者，发挥着不可替代的作用。美国如今已形成了一个包括法律制度、组织机构和监督机制在内的完整的消费者权益保护体系。一是政府、民间共同努力。在美国，从事消费者权益保护的不仅有联邦、州和地方各级政府机构，还有众多民间或行业团体。二是重视保护消费者的健康和安全。在保护消费者权益方面，消费者的人身健康和安全被放在首要地位。三是投诉简便，渠道畅通。消费者如想投诉，通过电话、信件、电子邮件或亲自上门都可以。四是严格执法。美国借助法律保护消费者权益，一方面严格执行已有法律法规，规范生产经营活动，打击垄断、欺诈等违法行为；另一方面注重为消费者提供便利的司法服务。美国的经验说明，一个完善、有效的消费者权益保护体系不但能为信息消费者提供保护，而且能维护经济秩序，促进社会和谐。

① 美国白宫网站：www. whitehouse. gov。

3. 德国

德国的信息消费得益于网络基础设施、信息通信产业体系、网络安全和消费者保护方面的强大支撑。

（1）网络基础设施坚实

德国的宽带网络普及率居世界前列。自2009年起，联邦政府宣布开始实施“国家宽带战略”，其目标是：到2010年，将德国家庭宽带覆盖率提高到100%；到2014年，为75%的德国家庭提供至少50兆/秒的宽带接入。而后续的“超级宽带”计划的目标则是在2020年之前，将50%家庭的宽带接入速度提高到至少100兆/秒，另外30%家庭的宽带接入速度提高到50兆/秒。《数字经济监测报告2012》指出，德国宽带网络普及率世界排名第六，网速超过每秒1兆的用户已达到99%。德国联邦政府于2010年底出台了《信息与通信技术战略：2015数字德国》。该战略旨在构建可靠安全的数字化网络，强化德国经济竞争力，保障网络安全，提高人民的生活质量。德国的“数字化”战略所取得的良好效果为信息消费的增长提供了有力支撑。

（2）完整的信息与通信产业链

德国的信息消费的增长以整个信息与通信技术产业的发展为依托。信息与通信技术产业在德国经济中占有非常重要的地位，超过半数的工业生产和超过80%的出口都依赖于信息与通信技术产业的发展。德国联邦经济与技术部发布的《数字经济监测报告2012》指出，德国信息通信与技术产业年产值达2220亿欧元。其中，互联网经济产值为750亿欧元，占GDP的2.9%。电子商务蓬勃发展，信息消费成为经济增长新亮点并显示出巨大潜力。德国联邦统计局的数据显示，2012 年，德国有超过 70% 的互联网用户通过互联网络购物买商品或服务。德国移动通信网络覆盖广泛，智能移动设备市场占有率高。德国信息经济、通信和新媒体协会（BITKOM）的数据显示，2011 年，德国移动通信服务覆盖率超过了 135%。在德国，移动网络数据业务即将代替通话业务成为电信运营商最大的盈利点。2013 年，移动网络数据业务产值增速预计将达到 10%，产值达到 94 亿欧元。此外，智能手机市场占有率预计将达到 96%。智能手机、平板电脑等移动终端在信息消费中所扮演的角色也愈发重要。著名市场研究机构捷孚凯（GfK）的报告指出，2011 年，在德国通过智能手机购买商品或服务的人数比上一年翻了一番。

（3）高度重视网络信息安全和消费者权益保护

为确保网络安全，德国于 2011 年初公布首个国家网络安全战略——《德国网络安全战略》，大力推动安全网络空间建设①。为规范信息消费、保护消费者权益，德国政府于 2002 年就重新修订《民法典》，将电子购物等新兴营销方式纳入其中。之后，为适应近年来不断出现的新情况，德国政府也陆续修订和颁布一系列专门性法律法规，如《新反不正当竞争法》和《远程销售法》。

在德国没有官办的保护消费者机构。德国的消费者为了维护自身利益，建立了许多消费者组织，如消费者协会、消费者保护协会、消费者研究所、商业测试基金会等。虽然这些组织都是私营性

① 程群、胡延清：“德国网络安全战略解析”，《德国研究》，2011 年第 3 期。

质的，可是它们大都接受联邦政府或州政府的资助，这是德国消费者组织与其他西方消费者组织的显著区别。当消费者与厂商发生纠纷时，其充当调解和仲裁角色，协调各咨询中心工作，及时向政府和议会反映消费者愿望和要求，在厂商损害消费者普遍利益时，向法院提起集体诉讼。

4. 英国

在线阅读和电子商务成为英国的信息消费重点应用，并呈现蓬勃发展态势。英国信息消费主要得益于以下做法。

（1）宽带网络助力构建信息消费平台

英国政府不惜财力物力，为信息消费打造平台。继 3G 之后，英国政府当前正在着力建造 4G 移动网络，“宽带英国”是英国政府当前正在积极建设的重大工程。“宽带英国”计划由欧盟委员会于 2012 年 11 月 20 日批准。欧委会认为，这一工程符合欧盟国家援助条例及竞争法，旨在支持商业行为难以企及的偏远地区，将推动欧盟实现数字议程目标，并为英国发展提供动力。2013 年 8 月，英国政府宣布，宽带英国项目已启动三分之二，90% 的英国家庭将接入超高速宽带。目前，该项目已与 29 个地方当局展开合作，剩下的 15 个地区项目也将很快上马。不仅如此，为争取未来的商机，英国政府及企业还在全国主要城市建设无线接入的网络（WIFI），目前，伦敦的地铁、公交车、饭店、咖啡馆等人群聚集区已经安装无线接入服务，最终目标就是实现整个城市的覆盖。

（2）消费习惯改变加快传统产业的数字化转型

与英国人新的阅读习惯相关联的是这个国家数字出版业的迅速

崛起。英国数字出版的高速发展仅仅是当前英国信息产业发展状况的一个侧面。在日常消费领域，由于信息的参与，一种新型的购销方式已经在英国建立起来。最新的研究显示，当前英国消费者的网络购物数量已经超过他们去实体店的购物数量。调查显示，消费者们将在网络上实行他们57%的购物计划，剩下的43%在实体店内完成。从销售看，厂商们高度重视现代信息的传播能力，不仅借助亚马逊等知名购物网站营销其产品，许多品牌厂家则建立自有品牌销售网站，为消费者提供更放心的服务。来自亚马逊的统计数据表明，目前英国电子书销售额已经超过了纸质图书。同时，英国主要媒体都加快马力向数字化转型。据报道，英国每日邮报集团的在线广告收入的增长已经能够基本抵消纸质报纸广告的下滑。其在线数字广告收入达到1100万英镑，增长了41%，报纸广告收入从7200万英镑下降至6700万英镑，下滑7%，出版商的发展已经走到了一个重要的拐点①。

（3）加快立法鼓励新兴消费

自2008年起，英国政府先后出台一系列促进电子商务发展的相关法规和政策。特别是2002年，英国政府根据欧盟《电子商务指令》制订了《电子商务条例》，包括对网上信息和服务提供者的要求、对网上商品和服务的描述、网上发布广告的要求、在线合同订立的原则、在线争端解决以及网上订单取消等内容。实践证明，英国政府一系列法规的出台，有效地保护了电子商务的顺利发展，使英国成为世界上少有的几个具有成熟电子商务环境的国家之一。

① 根据欧盟中国官网资料整理：http：//cn. eucnc. org/。

（4）设立机构和推出系列政策保障网络安全

2013 年 3 月，英国政府宣布在英国剑桥大学设立一个全球网络安全中心。中心已成为“专业的灯塔”，帮助各国制定应对网络威胁的综合计划，并与世界各国开展合作，研究如何应付网络威胁和制定网络政策。2014 ~ 2015 年，英国将为中心提供 100 万英镑的资助。此外，英国政府还宣布了一项倡议，计划在政府与企业之间分享网络威胁信息，包括建立可靠的网络门户，实时分享信息。2013 年 5 月，英国推出“干净 WiFi”政策，在咖啡厅、火车站等可能有儿童在的公共场所，将屏蔽无线网络的色情内容。

5. 新加坡

（1）制定信息强国的战略愿景

新加坡政府于 2006 年推出了一个为期 10 年的“智慧国 2015”规划。通过对基础设施、产业发展与人才培养，以及利用资讯通信产业进行经济部门转型等多方面的战略规划，力争把新加坡建设成为一个由资讯通信所驱动的智能化国度和一个全球化的大都市。该计划同时也描绘了资讯通信将如何改变人们的生活、工作、学习以及交流的方式等。如今，新加坡的“智慧国 2015”规划正稳步地向前推进，成效非常显著。数据显示，2011 年新加坡的资讯通信行业产值比上年增长 18.5%，达到 834 亿新元；产业人才由 14.13 万人增至 14.29 万人；居民家庭宽带网的普及率从 82% 升至 85%；手机的普及率从 144% 增至 150%。新加坡手机的 3G 服务早已覆盖全岛，并计划到 2016 年将全面被 4G 服务所替代。新一代宽带网络也早已覆盖新加坡 95% 的房屋和建筑，截至 2012 年 9 月，其用户数量已经超过22万户①。

（2）打造强大的网络准备和产业基础

新加坡资讯通信行业的发展已经在国际上获得广泛的认可与瞩目，在全球和地区排名中也屡屡名列前茅。新加坡曾四度蝉联早稻田大学国际电子政府排名冠军；三度排名《世界经济论坛全球IT报告》网络准备能力指数全球第二。为了加快资讯通信投资发展的步伐，新加坡政府不断地加大投资力度，专项投资12亿新元用于发展资讯通信项目，其中约80%的项目金额在300万新元以下，专为当地的中小型企业提供商机。另外，政府还投入4600万新元，以推动软件开发、系统整合及资讯科技咨询从劳动密集型领域向以产品或云计算为主的商业模式转型。

（3）成立网络防卫行动中心

为了提升对抗网络袭击的能力，新加坡武装部队日前成立了网络防卫行动中心。网络防卫行动中心将从新加坡国防部、武装部队和国防科技机构的现有人员中调用专才，执行探测、识别、控制和消除网络威胁的例常工作。中心将全天候运作，除了检测和应对网络威胁，必要时也能快速修复新加坡的军事网络。

综上，通过对主要国家促进信息消费的做法进行分析，我们认为，促进信息消费的有效做法大致可归纳为夯实网络基础设施的普及与优化、促进产业供给体系不断完善、加强网络安全和消费者权益保护等相关制度建设。

① 数据来源：新加坡政府门户网站：www. gov. sg。

（三）国外做法对我国的借鉴与启示

通过分析全球信息消费的进程和特征，我们了解到我国与发达国家在ICT支出上的差距以及在信息消费层次上的距离，同时也看到我国信息消费未来的发展潜力；对近年来主要国家促进信息消费的主要做法的回顾，使我们更加深刻认识到网络基础设施的战略地位、产业供给体系引导需求的作用、网络安全和隐私保护、消费权益保护等制度建设的重要性。结合我国国务院《关于促进信息消费扩大内需的若干意见》（以下简称“意见”）中的任务要求，我们认为有效促进信息消费，需着力解决以下问题。

1. 网络基础设施建设和管理效益并重

历经多年发展，我国光纤和3G网络已覆盖全国所有城镇，87.9%的行政村通宽带；接入速率在4M及以上的宽带接入用户达到1.28亿户，占宽带用户总数的比例达到71%，光纤FTTH用户达到2850万户①。网络覆盖范围不断扩大，网络能力不断增强，用户普及水平不断提高，为促进信息消费夯实了坚强的网络基础。但是，我们仍要看到，我国宽带人口普及率约为13%，仅为发达国家一半，尤其是中西部和农村地区的宽带覆盖和普及任务仍很艰巨。值得欣喜的是，2013年，国务院发布“宽带中国”战略及实施方案和4G牌照，这些重大举措将大幅提升我国信息基础设施的能力，但是，作为世界上拥有网民数量最多的国家，依然存在整体上网速度在一定时间内较慢、下载流量偏低、地区差异大等问题。发展宽

① 数据来源：工业和信息化部。

带需有战略思维和长远考虑，也要借鉴国外建设宽带的有益经验，从宽带的投资规模、建设周期、市场运营、业务开发、产业配套、监管与服务等方面进行科学规划与有效实施。

2. 增强信息产品和服务的优质供给

大力推广适销对路的智能手机、智能电视等终端产品，支持数字家庭智能终端研发和产业化，面向移动互联网、云技术、大数据卫星导航等热点研发各类新型信息消费电子产品。推动基础电信运营商增强基础电信服务能力，规范互联网信息服务企业的竞争和服务行为，拓展移动电子商务应用，重点培育面向城市社区、农产品电子商务，向人们提供多样化的优质公共服务。推动地方公共信息资源的共享，深化医疗、教育、社保、养老等社会民生领域的信息应用和服务，为消费者提供均等的公共服务。积极开展信息消费试点示范，积极培育具有地方特色的信息服务模式，研发经济适用的信息产品，满足人民群众多层次的信息消费需求。

3. 完善收入分配制度激发信息有效需求

从消费需求看，信息消费根本上受经济发展水平和居民消费能力制约。党的十八大报告提出了居民收入翻番的目标，要求进一步完善收入分配制度。这是扩大信息消费的长远的、根本的保障。同时也应看到，2000 年以来，手机、电脑、互联网广泛普及，信息产品和服务在居民消费结构中的比重不断上升。特别是 2012 年，我国人均 GDP 突破 6000 美元。国际发展经验表明，人均 GDP 在6000 ~ 10000 美元期间，经济发展将进入一个重要的发展起点，消费结构升级加速，发展型、享受型消费比重将不断上升，特别是对居民工作和生活有重大影响的信息消费将成为攀升最快的领域。但是，与发达国家相比，我国产品和服务类消费在整个居民消费支出中的比重仍然比较低，也就是说，消费结构层级比较低。信息消费在步入新型发展阶段的同时，也将面临许多瓶颈和问题。信息消费受制于居民可支配收入。随着新一届政府一系列稳增长、调结构、惠民生政策的出台和实施，要求我国进一步完善收入分配制度，提高居民的信息素质和信息消费能力，是扩大信息消费长远性、根本性的保障。

4. 营造可信安全的信息消费环境

在消费需求转化为现实消费中，需要营造一个可信和安全的信息消费环境。网络上盗版、非法传播等侵权行为时常发生，虚假信息、网购商品假冒伪劣和售后服务等问题直接影响消费者信心和体验。通过提升信息安全保障能力，加强个人信息保护，规范信息消费市场秩序，构建安全可信的信息消费环境，有助于增强消费信心，将潜在消费需求转化为现实消费。下一步需要加强网络的认证，包括在线交易的安全和各类信息的保护，为消费者营造更加安全放心可信的消费环境，让消费者敢消费，进一步把信息消费潜力激发出来。信息消费是居民日常消费的一部分，信息消费中产生的一些交易纠纷可通过现有的投诉渠道向有关部门反映，当前，工商部、工信部、消费者协会等都有相应的投诉热线，可以有效保障消费者的合法权益。当然，由于一部分信息消费在线上实现，可能会产生一些新型的交易纠纷，对于这些新型的问题，相关部门应加强研究，制定妥善的解决机制。

执笔：王微 胡红梅

专题报告六
电子商务对促进消费增长的作用

20 世纪 90 年代以来，随着信息技术的进步和互联网的普及，我国电子商务[①]持续快速发展，在繁荣国内市场、扩大居民消费、降低物流成本、提高流通效率等方面发挥着日益重要的作用，特别是对促进居民消费增长显示出巨大的潜力。

一、电子商务正成为促进消费的新增长点

电子商务在我国自 20 世纪 90 年代末开始萌芽，21 世纪之初，在全球互联网泡沫破灭的背景下进入调整低谷阶段，随后，以 2003 年非典事件为契机，出现了快速复苏回暖，进入 2006 年，互联网环境的改善、理念的普及给电子商务带来巨大的发展机遇，我国电

① 各国或不同的领域对电子商务有不同的定义和分类。一般是指在地球各地广泛的商业贸易活动中，在互联网开放的网络环境下，买卖双方不谋面地进行各种商贸活动，实现消费者的网上购物、商户之间的网上交易和在线电子支付以及各种商务活动、交易活动、金融活动和相关的综合服务活动的一种新型的商业运营模式。本报告所称电子商务主要指面对终端消费者的网络购物，具体包括 B2C、C2C、C2B 等，即网络购物或者网络零售。

子商务进入新一轮成长和商业模式创新阶段，电子商务开始在我国逐渐普及。2008 年全球金融海啸使全球经济环境迅速恶化，在外贸转内销与扩大内需、降低销售成本的迫切需求下，电子商务的 B2B 与垂直细分 B2C 获得了新一轮高速发展，传统厂商也纷纷涉水，B2C 由此进入爆发式增长阶段，电子商务的市场规模、经营模式、商品结构都发生了巨大变化，给消费者带来了前所未有的消费方式和消费理念的革命性变化。电子商务正成为我国扩大消费的重要途径。

（一）我国电子商务消费群体和消费规模快速增长

首先是通过电子商务进行消费的群体快速增长。数据显示，我国电子商务仅 B2C 的用户规模从 2004 年到 2012 年的 8 年间，增长了近 50 倍，达到 2.98 亿用户规模（见图 6.1）。

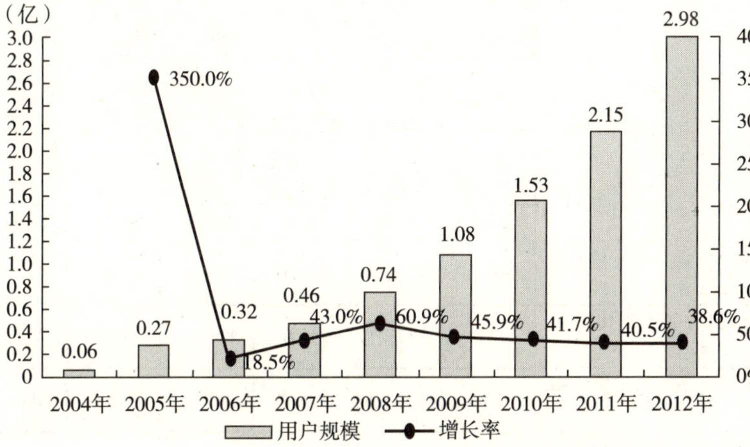

图 6.1　2004～2012 年电子商务 B2C 用户规模

资料来源：清科研究中心 2010 年 6 月。

与此同时，网络零售交易规模逐年快速增长。据不完全统计，我国B2C和C2C的交易规模从2007年的561亿元增长到2012年的7910亿元，以平均每年100%的速度增长，5年间增长了5倍（见图6.2）。而从2006年到2012年，我国网络零售交易额6年内从263亿元发展到1.3万亿元，增长49倍，复合增长率达到99%，占社会消费品零售总额的比重6年提升21倍，达到6.3%。1.3万亿元网络购物消费相当于天津、云南、贵州、新疆、海南、宁夏、青海7个省（区、市）社会消费品零售总额之和，如果按照一个行政区划计算，相当于全国排名第五的省的消费水平。据测算，到2020年，中国的网络零售规模将达到10万亿元。

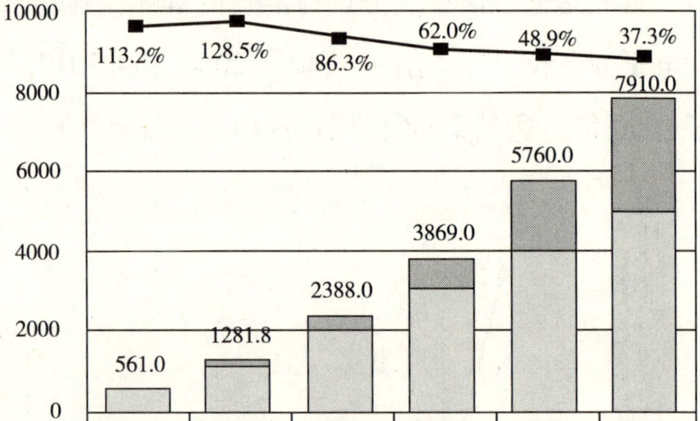

	2007	2008	2009e	2010e	2011e	2012e
网络购物总体交易规模（亿元）	561.0	1281.8	2388.0	2869.0	5760.0	7910.0
B2C电子商务销售规模（亿元）	43.0	87.1	318.0	869.0	1764.0	2920
C2C电子商务销售规模（亿元）	518.0	1194.7	2070.0	3000.0	3996.0	4990
网络购物总体交易规模增长率（%）	113.2%	128.5%	286.3%	62.0%	48.9%	37.3%

图6.2 2007～2012年中国网络购物市场交易规模及其构成

注：B2C交易额统计不包括网络代缴费（如水电费等），旅行预定及航空客票交易额；同时，B2C企业非网络销售交易额部分不统计在内。

(二) 电子商务的经营模式不断创新，交易内容不断拓展

从经营模式看，针对最终消费者的电子商务经营模式从最初的企业对消费者的电子商务（B2C）单一不断拓展创新，如今不仅有消费者对消费者的电子商务（C2C），近年来又发展出企业、消费者、代理商三者相互转化的电子商务（ABC），以及以消费者为中心的全新商业模式（C2B2S），以供需方为目标的新型电子商务（P2D），还出现了将线下业务与互联网相结合的O2O模式。交易终端更从最初的只能通过固定网络终端发展为将移动作为交易终端。有数据显示，2006年以来移动终端电子商务交易规模呈几何级数增长（见图6.3）。

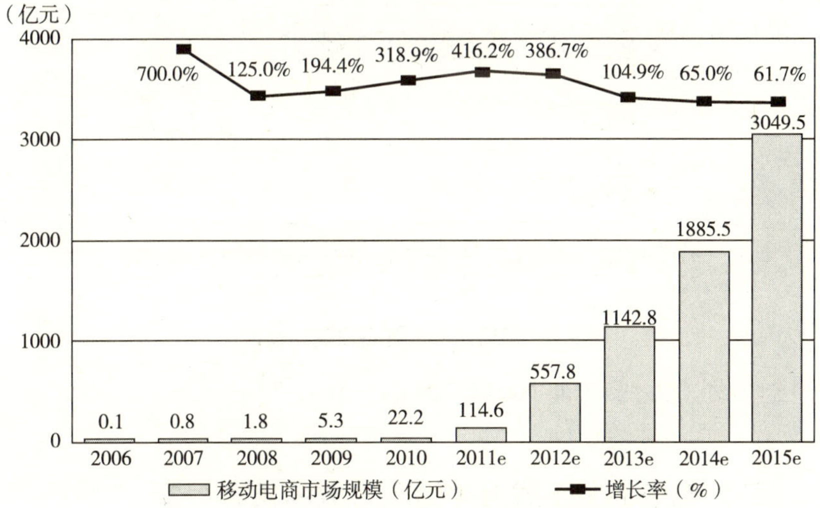

图6.3　2006~2015年中国移动电子商务交易规模

注：中国移动电子商务交易规模仅统计了实初交易商品的价值总和，并不包含虚拟物品交易部分。

数据来源：根据企业公开财报、行业访谈及艾瑞统计预测模型估算，仅供参考。

与此同时，电子商务的交易内容也不断拓展。在电子商务发展的初始阶段，人们普遍认为，可以通过电子商务行销的商品有一定局限性，那些容易标准化、不易变质、价值相对低的大众化产品才更适用，而一些个性化、需要体验的、价值量高的产品像服装类、奢侈品、生鲜产品等是难以通过电子商务方式营销。但时至今日，电子商务的交易对象几乎囊括我们日常消费的所有产品，上至汽车、珠宝，下至日常生活用品无所不包，服装则成为占电子商务网络购物份额最大的产品之一（见图 6.4）。仅淘宝就为消费者提供了超过 4 亿件商品。

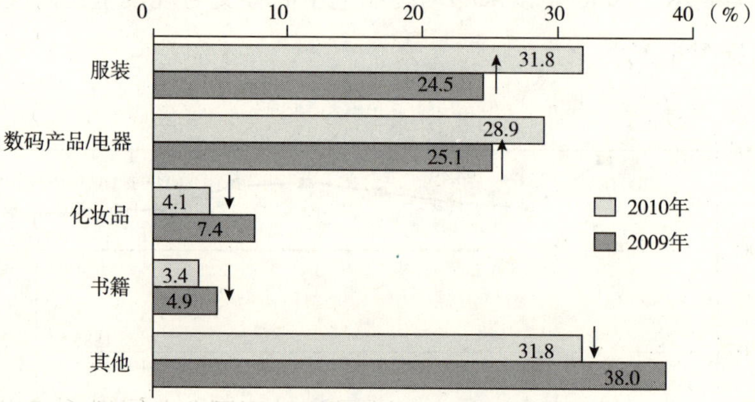

图 6.4　网络购物中各类商品销售占比

数据来源：正望咨询《中国网购消费者调查报告 2011》。

（三）电子商务正成为中国零售业的重要力量

目前，我国已经发展了一批具有相当实力的电子商务零售企业。其中，最具代表的是以提供交易平台以广告和租金、管理费等增值服务获利的淘宝和通过自建网络平台自己经营获利的京东商城。据统计，2012 年我国前 100 家零售企业中，有 8 家是电子商务企业，其销售额之和占前 100 家总销售额的 39.8%，而在美国，仅有 3 家入围，销售额占比为 3.7%，由此可见，电子商务已成为我国零售业中的重要力量。

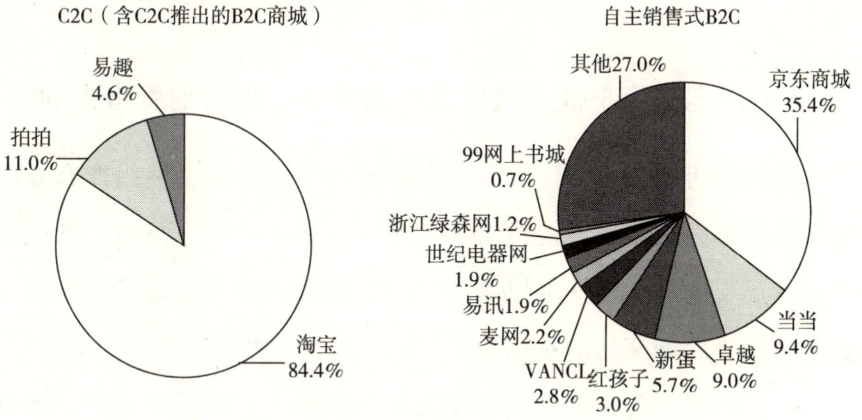

图 6.5　2010 年 2 季度中国网络购物交易市场份额

（四）电子商务正成为扩大消费的重要手段和途径

在扩大内需方面，电子商务服务业不仅为国内消费者提供了海量的价廉物美的商品、消费，并有效帮助中国企业实现了“出口转内销”的转型。电子商务并不是对线下消费的简单替代。通过提供更丰富的商品种类、更便捷的购物手段，网络购物带来极高的新增消费比例。麦肯锡 2013 年 3 月发布的一份报告显示：每 100 元网络交易额中，有 39% 是完全新增出来的。以 2012 年 1.3 万亿元的网络零售交易额计算，电子商务带来的新增消费额达到 5070 亿元。中央政策研究室经济局的研究表明：居民消费每增加 1%，可拉动

GDP 增长 0.8%，据此计算，2012 年新增网络购物消费共提升居民消费率 2.44%，带动 GDP 增长 1.95%。

二、电子商务促进消费增长的内在机理分析

（一）电子商务能有效降低交易成本，增进消费者福利

与传统店铺零售相比，电子商务最突出的特征之一是能有效降低交易成本，为消费者提供了一种前所未有的便捷、高效、低成本的消费实现途径。根据阿里研究中心的测算显示，网络零售的交易效率是传统店铺交易的 4 倍。

首先，电子商务能大大降低交易时间成本。以淘宝为例，淘宝网 4 亿多件商品为消费者提供了海量的选择，从服装到家具，从玩具到钻石，从保健套餐到旅行方案，消费者都能在短时间内、足不出户就搜索到满足自身个性化需求的产品。2008 年 10 月，面向淘宝网用户的统计产品“好生意店铺统计”上线，为卖家提供经营数据。2009 年 9 月 11 日，好生意公司在厦门成立，截至 2010 年 7 月 9 日，已服务卖家 30680 位，自 2008 年起累计为卖家节省日常维护时间超过 100 万小时。网上支付平台解决了银行无法服务好众多中小企业和网络商户的问题。支付宝平台日均 400 万笔交易，其中 80% 来自网银。如果通过线下进行，需要 2 万个银行柜台和每年 100 亿元支出。

其次，电子商务能降低物流成本。通过淘宝物流平台，企业无须因维护物流体系而支付成本，只需要根据业务使用量支付实际使

用成本，同时拥有专业物流能力。企业组织更具弹性，能适应业务快速变化。既有轻资产的灵活，又有重资产的能量。长途配送变为短途配送，运输成本下降，可以为商家节省约20%～30%物流成本。而对于买家消费者，不但可以跨店铺购买产品一次发货，而且也只需付一次运费。

第三，电子商务能降低信用成本。商业信用在商品经济中发挥润滑和流通的作用，完善的信用体系可以节省资金，提高产品的生产力水平和商品流通速度。在商业信用缺失的情况下，商业交易成本将大幅增加，社会资源配置效率大幅降低。电子商务服务平台能促进网商与电子商务平台间的相互适应，推动了诚信体系的不断完善和成熟。

第四，电子商务能降低渠道成本。淘宝卖家通过淘宝平台可以绕过分销商，直接向厂商下订单；而企业也可以建立网络直营店，直接抵达海量的用户。传统的多级销售渠道正被缩短为“生产商——网络零售商/网络直营店——海量消费者”的新型渠道体系，简化了产品从生产商到最终消费者之间的层级，提高了渠道效率。

（二）电子商务服务使企业更加专注于产品创新，更好地创造和满足消费需求

随着电子商务服务的不断完善，一方面，中小企业可以通过SaaS方式，以较低的成本享受诸如客户管理、进销存管理和财务管理等现代企业管理服务，直接提升生产和经营水平；另一方面，电子商务可以为企业提供包括采购、营销、融资等环节的全程服务，有效削减了企业日常商业运营中的时间、人力和资金成本。从而使

企业从冗余流程中解放出来，将更多的资源投入到核心竞争环节——发掘客户需求、实现产品和服务创新。

在产品创新上，网商可以以极低的成本通过互联网对原有产品进行功能或者外观上的改进、推出全新的产品、将原有产品进行创新的搭配而赋予新的用途等途径，克服产品多样化在成本、客户服务等方面带来的问题，不断开发新产品，丰富产品线，尽可能多地满足消费者个性化、差异化的需求。例如，在竞争激烈的家电市场中，“小熊电器”正是独辟蹊径先后开发了酸奶机、煮蛋器、炖盅等新产品，渐渐地形成“早餐电器”系列，较好地满足消费者特别是“上班族”自做早餐的需求而大获成功。

（三）电子商务能更有效地促进商业模式和营销创新，从而为消费者提供更加多样化的实现消费的途径和手段

近来，通过互联网，越来越多的网商不断创新商业模式和营销模式。例如，尝试利用微博、问答社区、社会化网络（SNS）等进行社会化营销，在实现了自我发展的同时也激活和满足了更多消费者需求。著名的电子商务创业者研究组织——“伟雅俱乐部”的50多位成员中，绝大部分都开通了个人微博或企业微博。通过碎片化的信息与互动的人际网络，网商们以极低的成本准确地定位自己的潜在顾客，与他们建立联系并友好对话。顾客的主动参与和积极互动，极大地提升了营销效果。更重要的意义在于网商能够有效聚合先前高度离散的个性化需求，迈出个性化生意的第一步。

在商业模式方面，网商们有着广泛的突破和创新，比如混批、预售、团购、定制等。比如，义乌有超过100家网商建立起“混

批”网站，在网上把小商品生意做得有声有色；“迈众服饰”通过“限量预售、逐级加价”的模式，吸引着众多顾客早早排队等候新品发布；曲美家具采用“预售+团购+定制”的模式不断创出佳绩。有的模式尽管不是网商首创，但他们结合电子商务不断创造出新的辉煌。同时，电子商务服务也是帮助传统产业突破产业转型升级的关键环节，主要包括研发、设计、标准、营销网络、物流、供应链管理、品牌等环节。电子商务服务业的发展见证了很多传统企业特别是中小企业通过电子商务实现了转型和升级。

案例：麦包包是一家原本从事箱包代工的企业，在转型电子商务之后，它打造了自己的网络品牌。麦包包的前身是为法国鳄鱼做贴牌生产的皮包制造商，平均一年的销售额为3000万~5000万元，但是利润率只有3%~5%。对此，麦包包开始探索电子商务的发展模式。除了推广自有网站mbaobao.com之外，麦包包还在淘宝商城中开设了旗舰店，利用淘宝的平台建立品牌知名度，同时，麦包包还与支付宝建立合作关系，利用支付宝的诚信体系赢得消费者的信任。期间，淘宝网为麦包包提供了销售渠道，而支付宝不仅为麦包包提供了基础的支付服务，还以自身打造的诚信体系帮助麦包包赢得消费者的信任。2007年11月21日麦包包与支付宝合作，到2008年12月，麦包包的成交率上升至0.8%。

（四）电子商务可以跨越时空提供无差别的产品和服务，能更有效地激活二、三线城市以及农村消费市场

中国地域辽阔，各省份都有各具传统文化的特色产品，同时在全国又有很大的市场需求。过去受商贸体系与物流体系的限制，各

地的特色产品很难跨出区域市场，进入全国市场。而电子商务服务业能够有效帮助中西部地区工业品及商品的销售，缩小地区差异。淘宝网“特色中国”向全世界的消费者展示了极具中国浓郁地域文化特色的商品，让消费者从了解每个省份的美食、民俗、特产、景点、名人开始。对于当地的企业与商家来说，通过电子商务平台可以将当地传统美食、地方特产、手工艺品等产品推广出去。以淘宝网为例，其食品类目在2010年9月至10月组织的“特色中国之四川”大型推广活动中，四川当地1300多家店铺，上百款商品共15万件参与活动。短短一周时间，四川卖家完成了4万多笔交易，总成交额达220万。在电子商务服务业的帮助下，中西部的电子商务应用正在崛起。数据显示，2010年度淘宝网各省成交金额的TOP10，东部沿海地区仍然占据其中8席，但中西部地区网络购物增速已超过沿海地区。2010年，淘宝上交易额增长最快的三个地区有两席是二、三线地区，而2010年购买人数增长最多的省份全是中西部省——湖南、河北和河南。浙江省成为淘宝网用户平均年消费额增长最快的地区（省），增幅达到51.68%。山东省和湖北省增长幅度排名第二和第三位，增幅分别达到45.86%和37.37%。

与此同时，电子商务在激活农村消费市场方面也表现出强有力的作用。近年来，全国各地不断涌现出农民网商通过网络销售农产品、当地土特产、优势产品，开辟了一条全新的发家致富路。特别是2009年下半年以来，农民网商创业的氛围更加浓郁，由农民个体扩展到村、镇、县的大规模农民群体，如江苏沙集镇、浙江义乌青岩刘村、河北清河县，这些地方逐步形成了一个个农民网商集群。

电子商务在将由分散的独立生产者所生产的大宗农产品汇集到

城市中去，分销给众多的消费者的过程中形成了一套有组织的、完善的销售网络体系，物流配送体系也随之不断形成和完善。电子商务的发展无疑为解决农业发展中农产品的流通问题提供了广阔的空间，利用电子商务技术改造传统经济下的流通过程，形成由信息流、资金流、物流、商流组成的，并以信息流为核心的全新的流通过程，推动中国农村的新发展。

总之，电子商务在提供价廉物美、安全便捷的消费途径、产品和服务创新、商业模式和营销模式创新以及激活城乡消费市场等方面具有尤其显著的优势，在有效促进消费增长方面能发挥重要作用。对于消费者来说，电子商务成为一种便捷、低成本、安全的消费方式。通过网络，消费者可以在家实现购物的全过程，交易不受时间和空间的限制；消费者可以在很短时间内获得大量同类商品的信息，进行产品和价格比对；随着网上支付体系的完善，网上支付较传统拿现金支付更加安全，可避免现金丢失的风险；从订货、买货到货物上门无须亲临现场，节省了大量的时间和人力成本；由于网上商品省去租店面、招雇员及储存保管等一系列费用，总的来说其价格较一般商场的同类商品更便宜。

对于商家来说，由于网上销售没有库存压力、经营成本低、经营规模不受场地限制等，在将来会有更多的企业选择网上销售，通过互联网对市场信息的及时反馈适时调整经营战略，以此提高企业的经济效益和参与国际竞争的能力。对于整个市场经济来说，这种新型的购物模式可在更大的范围内、更多的层面上以更高的效率实现资源配置。电子商务突破了传统商务的障碍，无论对消费者、企业还是市场都有着巨大的吸引力和影响力，在新经济时期无疑是达到“多赢”效果的理想模式，因而，越来越成为激活消费和实现消费的主要途径。

三、电子商务在促进消费增长中存在的突出问题

电子商务在促进我国消费增长中正发挥着越来越重要的作用，但仍应看到，我国电子商务服务业的整体水平参差不齐，行业成熟度不高。市场依然处于初级阶段，能够为客户提供高质量服务的服务商依然较少，并且受经验、专业人才缺乏与成本的制约，需要通过竞争来走向规范。

（一）与电子商务服务业配套的部分法律、法规仍落后于行业的发展，消费者权益难以得到有效保证

明确交易对象对于消费者来说是非常重要的事情，这关系到法律责任的承担问题。《消费者权益保护法》规定：“经营者应当标明其真实名称和标记。租赁他人柜台或者场地的经营者，应当标明其真实名称和标记。”在传统购物环境下交易对象非常明确，商店里挂的营业执照就表明了经营者的身份，一旦出了问题可以直接到原购物地点追讨责任。但是在网络环境下，消费者只有通过经营者网站中提供的信息了解对方，但是至于信息是否真实、对方到底是谁根本不清楚，知情权难以保证。虽然《消费者权益保护法》明确规定：“消费者享有知悉其购买、使用的商品或者接受的服务的真实情况的权利。消费者有权根据商品或者服务的不同情况，要求经

营者提供商品的价格、产地、生产者、用途、性能、规格、等级、主要成分、生产日期、有效期限、检验合格证明、使用方法说明书、售后服务，或者服务的内容、规格、费用等有关情况。”然而上网络购物时，消费者获取信息的范围是有限的，它并不像传统购物时能看到、摸到真实立体的商品，并向售货员详细打听有关商品的基本情况。此时的消费者只能从网上提供的内容中获取有关商品的部分信息，看到的充其量也就是一张或几张关于商品的平面照片。因此，网上购物的消费者一般对商品信息的了解都是相对缺失的。

由于网上购物的特殊性，格式合同不可避免地成了消费者和经营者达成合意的必要环节。现在的问题是，经营者往往利用特权制定一些又长又复杂甚至危害消费者权利的条款，有时为逃避责任还会使用一些模棱两可的语言，一旦出了问题会以此为自己辩解。消费者有时为了图省事不会仔细阅读每一条款，有时就算读了也很有可能领会不到其中的微妙之处，有时即便发现有什么可疑的地方但为了及时买到所需商品也无所顾忌，因此，有时一个“我同意”的点击会给消费者带来购物后的一系列麻烦。

（二）物流配送体系不健全是制约电子商务发展的主要瓶颈

物流是电子商务的关键配套环节，但物流配送的规模不足和发展不平衡已成为制约电子商务发展的重要瓶颈。目前，我国仅有快递人员150万左右，而根据我国电子商务交易规模测算，我国快递人员应达到1500万左右。而且我国物流服务业目前主要覆盖一、二、三线大中城市，对乡镇和边远地区的渗透能力不足，通达全国的物流体系尚未建立。同时，物流企业的信息化水平和管理能力仍有待提升。在实践中就表现为交货延迟、退货困难等。付款后不能按期收到货物的事屡见不鲜，有时付款后收不到货物的情况也会出现。退货难也是一个突出的问题。根据《消费者权益保护法》规定："经营者提供商品或者服务，按照国家规定或者与消费者的约定，承担包修、包换、包退或者其他责任的，应当按照国家规定或者约定履行，不得无故拖延或者无理拒绝。"可是，网上购得的货物想要退掉并不是件容易的事，经营者往往找种种理由拒绝退货。有时甚至直接在格式合同中明文规定某些商品不得退货。对于在退货范围内的商品，通过经营者的规定看也根本无法退换。以某购物网站为例，在它的质量保证及退换货规定中有这样的条款："退回的商品外包装不完整、所附配件及资料不全、赠品不齐全的不能退货。"按照文字的表面意义可以理解为，只要拆开包装就不能够退换，因为只要拆开就一定会破坏包装的完整性。因此，只要有这条规定，消费者合理退货的权利便形同虚设了。

（三）网上欺诈与虚假广告屡见不鲜，诚信环境亟待加强

互联网技术使得某些商家可通过匿名的方式躲避调查，利用监管难度大、隐蔽性强、传播快的特点大行虚假广告和欺诈之道，借机侵犯消费者的权益而为自己牟利。售后服务难以保证。许多网民表示，网上购物的售后服务较差，有时商品出了问题经营者能推则推，就算有售后服务也只是表面应付一下，许多问题根本得不到实质解决。

（四）网络信息安全和隐私权问题亟待解决

网络信息安全越来越受到大家的重视，也是挑战网络安全的主要大敌。从事市场信息业务的美国 TNS 和隐私保护团体 TRUSTe 日前指出，由于担心个人信息被盗和泄露隐私，可能有多达 58% 的美国消费者在假期旺季减少在网上购物，这一比率明显高于去年的 49%。我国《民法通则》中并没有对隐私权的规定，其他法律中亦不涉及，但不可否认，现阶段广大网民的隐私权正处于危机之中。还以本文中的网上购物为例，一些商家为了扩大销售额，不惜将以前消费者的信息建立数据库，根据其经济状况、上网习惯等不停轰炸消费者的邮箱以推销自己的产品；更有甚者，为了眼前的经济利益将消费者的信息卖给他人。此外，消费者的信用卡账号、密码被篡改、被盗也是常有的事。所有这些问题如果不能及时有效地解决，肯定会制约未来网上购物的进一步发展。

四、促进电子商务扩大消费的政策建议

针对当前我国电子商务发展中存在的问题，为更好地保护消费者权益、防范市场风险、化解交易矛盾、促进电子商务健康发展，进一步发挥电子商务在扩大居民消费中的作用，应重点在以下几个方面规范电子商务的发展。

（一）规范电子商务信息传播行为，优化网络交易环境

规范网络交易各方的信息发布和传递行为，提高各类商务信息的合法性、安全性、真实性、完整性、时效性和便捷性。一是要规范电子商务信息发布内容。提倡在线交易的真实身份，引导交易各方如实发布合法的商品及服务信息，保存交易记录信息，并对难以确认和不可预测的风险信息予以声明。二是要规范电子商务信息传播方式。引导企业合法地运用网络服务器平台、电子邮件、网络广告、搜索引擎推广等方式发布和传递商务信息。防范和制止恶意链接、干扰性邮件、隐性网络广告等不当宣传方式。三是要维护交易信息安全。引导电子商务企业建立健全网络与信息安全保障制度，采取有效的网站安全保障措施、企业信息保密措施和用户信息安全措施，防范和制止利用互联网盗取商业秘密和提供用户信息给第三方以牟取利益的行为。四是打击电子商务领域的欺诈行为。协同有关部门打击电子商务活动中存在的虚假宣传、质量欺诈等行为。借助各类渠道、资源和力量，防范和制止利用网络发布虚假或不完整信息、欺骗或误导消费者的行为，保障商品（服务）的质量、性能、规格、价格等交易信息的真实准确。

（二）规范电子商务交易行为，促进网络市场和谐有序

提倡合法规范、公平公正的网上营销、电子签约和售后服务等行为，防范和化解电子商务中的各类交易纠纷。一是要规范用户注册和会员发展行为。引导电子商务企业以合法、公开、透明的方式吸引用户注册、发展会员，防范和制止以收取高额费用或购买商品

为前提条件的发展会员行为，杜绝以互联网为隐蔽手段的传销行为。鼓励第三方交易平台的提供者以实名注册为条件提供网上店铺开设服务，建立交易安全保障与备份制度，发现并及时警示交易风险。二是要规范各类网上促销行为。引导电子商务企业在开展网上促销活动时将促销方式、规则、期限、商品范围以及相关限制性条件等促销内容在网站上公开发布。防范和制止在网上折价促销、网上赠品促销、积分促销、网上点击抽奖、网上联合促销等活动中出现的虚构原价、实物不符、拖延发放赠品和幕后操作等现象。三是要规范电子签约行为。引导电子商务企业制定合法公正的用户协议，确定与用户之间的权利与义务，并保证用户在接受协议前能够便利完整地阅知其内容。防范和制止以欺诈、恶意串通等不法手段促成协议签订的行为。提倡企业在修改用户协议时，提前以有效方式通知用户，并注明修改原因和变动内容。四是要规范网上拍卖经营行为。规范网上拍卖方以及交易平台服务提供方的经营行为，引导经营者遵守《拍卖法》及相关法律法规，准确、清晰、完整地表述拍卖标的，制定公平合理的网上拍卖规则条款。五是要规范电子商务售后服务行为。引导电子商务企业建立健全、公开发布并严格执行售后服务和换货退货制度。防范和制止企业逃避售后责任、拖延换货和拒不受理退货的行为，维护网上购物消费者的合法权益。

（三）规范电子支付行为，保障资金流动安全

提倡合法规范、稳妥安全的电子支付，防范电子商务的资金结算和流转风险。一是要规范交易方之间的电子支付行为。增强交易参与方的支付安全意识，规范网上支付、电话支付、移动支付等电

子支付行为。引导企业采取有效的技术和管理措施，保障支付密码和财务数据安全，形成可靠、便捷的在线资金结算体系，降低结算成本和支付费用，提高资金周转效率。二是要规范第三方电子支付服务行为。加强行业自律，倡导合法运营，防范电子支付交易服务风险。引导电子支付行业规范运营管理，建立商家信用记录、交易数据保存、内部信息加密和业务流程监管制度，采取有效的争议和差错处理方式，形成支付安全的技术和体制保障。引导第三方电子支付服务机构提高行业信誉，谨慎稳健运营，防止盲目扩张和无序竞争，确保用户资金安全。三是要防范电子支付金融风险。规范电子支付非银行金融服务，防范网上非法金融交易活动。加强对沉淀资金的流动性管理，防范和制止以电子支付为手段的恶意占压资金、非法套现和转移资金以及非法融资行为。协同金融、公安、工商等有关部门研究电子支付中虚拟货币的合法性、安全性和统一市场问题，规范虚拟货币的流通秩序。

（四）规范电子商务商品配送行为，健全物流支撑体系

规范和改善电子商务企业的商品配送行为，提高物流服务的准确性和及时性。一是要规范商品配送行为。提倡电子商务企业通过网站信息查询、邮件提醒、电话通知等有效方式，实时通告配送信息，明确交货方式和时间。引导电子商务企业严格遵守商品订单和交易协议，防范和制止配送延误、实物不符、额外收取运费等行为。提倡电子商务企业在因不可预知和控制的情况影响商品送达时，及时主动与购买方协商补救方式，保障消费者的知情权和选择权。二是要提高商品配送能力。建立和完善适应电子商务需要的物

流配送体系，促进物流配送信息系统与电子商务的结合，充分发挥信息技术优势，挖掘社会储运资源潜力，提高物流信息采集、分析、整合、调度的效率和物流运输的实载率。引导与鼓励企业开展第三方物流服务平台建设，逐步建立面向网上商户的社会化、专业化的物流配送机构，形成覆盖各行业的物流配送网络体系，提高响应能力和配送效率。

（五）促进电子商务规范发展的保障措施

一是推动电子商务法律和政策体系建设。针对信息技术手段与传统流通方式相结合的新形势、新特点、新问题，推动《电子签名法》《合同法》《互联网信息服务管理办法》等有关法律法规和《商务部关于网上交易的指导意见（暂行）》等政策措施在电子商务领域的贯彻落实，优化电子商务发展的法制和政策环境。二是要建立健全电子商务标准体系。组织和支持行业协会、企业、科研机构研究制订各类电子商务技术标准、经营管理和服务规范，建立健全电子商务国家标准和行业标准体系。引导企业增强标准化意识，积极进行电子商务技术和管理的标准化建设。三是要加快电子商务信用体系建设。政府监管、行业自律、群众监督相结合，建立健全电子商务信用体系。鼓励企业和行业协会积极参与，建立科学、合理、权威、公正的信用服务机构。将电子商务交易双方信用信息纳入商务领域信用信息系统，逐步建立全国统一的电子商务信用信息共享机制，实现信用数据的动态采集、处理和交换，形成有效的企业与个人信用监督约束机制。

（六）重视和发挥中介组织作用、加强人才培养

要充分发挥电子商务中介组织、行业协会的作用，加强行业自律，做好信息服务和政策引导，帮助电子商务企业解决实际困难和问题，促进我国电子商务健康发展。要加强与有关院校和科研机构的合作，促进电子商务理论研究，搞好学科体系建设。鼓励企业培养适应电子商务研究开发、应用推广需要的技术和管理人才。积极开展电子商务国内培训和国际交流，提高管理人员素质，建立健全专业化电子商务管理人才队伍。

执笔：漆云兰

参考文献
References

[1] The Broadband Commission for Digital Development. The State of Broadband 2013: Universalizing broadband. http://www. broadbandcommission. org/Documents/bb – annualreport2013. pdf

[2] OECD. Internet Economy Outlook 2012. http://www. oecd. org/sti/ieconomy/internet – economy – outlook – 2012 – highlights. pdf

[3] 毕向辉，王青．我国应以国家战略高度推进 LED 产业快速发展．现代工业经济和信息化，2011（8）

[4] 邓碧侠．信息消费的影响因素研究．情报探索，2012（2）

[5] 邓胜利．国外信息消费研究评述．情报杂志，2004（1）

[6] 董明霞．我国网络信息消费现状浅析．科技情报开发与经济，2009（8）

[7] 杜跃进．迎接新一轮技术和产业革命．经济参考报，2012 – 6 – 28

[8] 国家人口和计划生育委员会流动人口服务管理司．中国流动人口发展报告 2011. 北京：中国人口出版社，2011

[9] 国家人口和计划生育委员会流动人口服务管理司．中国流动人口发展报告 2012. 北京：中国人口出版社，2012

[10] 国务院办公厅．关于促进信息消费扩大内需的若干意见（国发〔2013〕32 号），2013

[11] 国务院办公厅．国务院办公厅关于转发发展改革委住房城乡建设部绿色建筑行动方案的通知（国办发〔2013〕1 号），2013

[12] 国家发改委中设协汽车用品与改装技术中心．2014 年中国汽车用品行业趋势发布报告，2013

[13] 国家旅游局．2012 年中国旅游业统计公报，2013

[14] 国务院．关于促进信息消费扩大内需的若干意见（国发〔2013〕32 号）

[15] 国务院发展研究中心课题组．农民工市民化：制度创新与顶层政策设计．北京：中国发展出版社，2011

[16] 工业和信息化部．2013 年通信运营业统计公报．http：//www. miit. gov. cn/n11293472/n11293832/n11294132/n12858447/15861120. html

[17] 龚雯，陈云．商务部财政部 构建城市家政服务网络中心．人民日报，2009－4－20

[18] 房爱卿．如何走出消费误区．光明日报，2005－10－24

[19] 冯武勇等．各耗能大国发展新能源趋向多元选择．经济参考报，2012－5－31

[20] 何媛．中国消费模式演变研究．复旦大学博士论文，2012

[21] 侯永志．改革开放以来我国居民消费的变化及其启示（打印稿），1998

[22] 黄锟．农村土地制度对新生代农民工市民化的影响与制度创新．农业现代化，2011（2）

[23] 黄赜琳，傅冬绵．居民消费演变特征事实及其对经济增长的影响．上海财经大学学报，2012（2）

[24] 胡乃武等．中国居民消费研究．消费经济，2001（1）

[25] 贾颖．转型时期中国居民消费分析及宏观政策研究．财政部财政科学研究所博士论文，2012

[26] 杰里米·里夫金．第三次工业革命．北京：中信出版社，2012

[27] 李款贞．论信息社会的特色消费——信息消费．图书馆学研究，2008（5）

[28] 刘今超．我国移动终端产业发展趋势分析及预判．http：//www. miit. gov. cn/n11293472/n11293832/

[29] 刘世锦．中国经济增长十年展望（2013－2022）．北京：中信出版社，2013

[30] 刘晓红．我国农村居民信息消费的需求实证分析．西北农林科技大学学报（社会科学版），2012（1）

[31] 刘晨延．我国信息消费有效需求不足的原因及对策．新视野，2012（3）

[32] 马春华等．转型期中国城市家庭变迁．北京：社会科学文献出版社，2013

[33] 马相东．充分认识发展旅游业多重效应的战略意义．http：//www. qstheory. cn/sh/shtzgg/201010/

[34] 彭翊．中国省市文化产业发展指数（2013）．中国人民大学，2013

[35] 前瞻产业研究院 . 2013 – 2017 年中国智能家居设备行业发展前景预测与投资机会分析报告，2013

[36] 任兴洲，王微等 . 扩大消费需求：任务、机制与政策 . 北京：中国发展出版社，2010

[37] 任兴洲等 . 中国住房市场发展趋势与政策研究 . 北京：中国发展出版社，2012

[38] 任兴洲等 . 中国住房市场：调控与政策 . 北京：中国发展出版社，2013

[39] 桑雪骐等 . 家电消费误区知多少 . 中国消费者报，2013 – 2 – 6

[40] 沙勇忠，高海洋 . 关于信息消费的几个理论问题 . 图书情报工作，2001（5）

[41] 沈小玲 . 信息消费的理论探讨 . 图书情报知识，2006（5）

[42] 沈小玲 . 影响信息消费的主题因素分析 . 情报理论与实践，2008（6）

[43] 苏丹丹 . 文化消费缺口巨大 消费能力有待释放 . 中国文化报，2013 – 11 – 27

[44] 世界银行 . The China New Energy Vehicles Program：Challenges and Opportunities

[45] 史丹，夏杰长 . 中国服务业发展报告 2012. 北京：社会科学文献出版社，2012

[46] 孙佑元，谭杰 . 目前我国家用医疗器械现状及展望 . 中国医疗器械信息，2011（2）

[47] 唐兵 . 建国以来中国消费者行为变迁研究 . 西南财经大学博士论文，2010

[48] 吴荣坤 . 绿色住宅，21 世纪发展的必然趋势 . 建设发展导向，2012（2）

[49] 王建清等 . 2012 年全国绿色建筑发展与评价标识工作 . 建设科技，2013（7）

[50] 王青 . 从技术跟随到战略布局：新能源汽车技术革命与中国应对战略 . 上海：上海远东出版社，2012

[51] 王桂云 . 探析网络信息消费热点 . 现代情报，2005（3）

[52] 魏后凯 . 怎样理解推进城镇化健康发展是结构调整的重要内容 . 人民日报，2005 – 1 – 19

[53] 吴瑾，周博雅 . 改革开放以来我国居民消费结构的动态分析 . 统计与决策，2011（11）

[54] 肖婷婷 . 我国城乡居民信息消费比较——基于 2000 – 2007 年的实证 . 经济问题，2010（2）

[55] 肖艳，马哲明 . 消费主体对信息消费的影响分析 . 情报科学，2009（7）

[56] 袁志刚 . 中国居民消费前沿问题研究 . 上海：复旦大学出版社，2011

[57] 臧旭恒等 . 转型时期消费需求升级与产业发展研究 . 北京：经济科学出版社，2012

[58] 张彬 . 新材料：新工业革命的物质基础 . 经济参考报，2012 – 7 – 3

[59] 张雪娇 . 绿色建筑的绿色需求 . 中国建材报，2013 – 12 – 2

[60] 郑英隆 . 信息产品消费的运行系统 . 上海社会科学学术季刊，1991（2）

[61] 郑英隆. 信息消费论纲. 信息社会世界峰会论文集，1994－2

[62] 郑英隆，王勇. 我国城乡居民信息消费的结构差异成长. 广东商学院学报，2009（1）

[63] 周宏仁. 中国信息化形势分析与预测（2011）. 北京：社会科学文献出版社，2011

[64] 中国绿色食品发展中心. 2012 年绿色食品统计年报. http：//www. greenfood. org. cn/sites/

[65] 中国社会调查事务所. 家庭中儿童消费的调查与分析，1999. http：//lib. k618. cn/index. php？doc－view－554

[66] 中国产业调研网. 中国教育培训行业现状调研与未来前景趋势报告（2014 年），2014

[67] 中国电子商务研究中心. 2012 年度中网络零售市场数据监测报告，2013

[68] 中国家电商业协会. 智能改变未来：智能家电的现状与未来. 中国电子报，2013－12－3

[69] 中商情报网. 2013－2018 年中国家政服务行业市场深度调研预测报告，2010

[70] 朱敏. 发挥好城镇化对消费的拉动作用. 经济日报，2013－5－31

[71] 中国电子商务研究中心. 2012 年度中网络零售市场数据监测报告. http：//www. 100ec. cn/zt/2012wlls/